U0580326

广州好教育丛书·好教师系列

JIN GUANGZHOU HAOJIAOYU CONGSHU
JIAOSHI XILIE

张耀佳 ◇ 著

自主扬才

张耀佳
与
创新物理教育

北京师范大学出版集团
BEIJING NORMAL UNIVERSITY PUBLISHING GROUP
北京师范大学出版社

图书在版编目(CIP)数据

自主扬才：张耀佳与创新物理教育 / 张耀佳著. —北京：
北京师范大学出版社，2020.5
（走进广州好教育丛书．好教师系列）
ISBN 978-7-303-25257-2

Ⅰ．①自… Ⅱ．①张… Ⅲ．①中学物理课－教学研究
Ⅳ．①G633.72

中国版本图书馆 CIP 数据核字(2019)第 241063 号

营　销　中　心　电　话　010-58802135　010-58802786
北师大出版社教师教育分社微信公众号　京师教师教育

ZIZHUYANGCAI：ZHANGYAOJIAYUCHUANGXINWULIJIAOYU

出版发行：北京师范大学出版社　www.bnupg.com
　　　　　北京市西城区新街口外大街 12-3 号
　　　　　邮政编码：100088
印　　刷：北京玺诚印务有限公司
经　　销：全国新华书店
开　　本：787 mm×1092 mm　1/16
印　　张：14.5
字　　数：193 千字
版　　次：2020 年 5 月第 1 版
印　　次：2020 年 5 月第 1 次印刷
定　　价：46.00 元

策划编辑：郭　翔　　　　　　责任编辑：李会静　张静洁
美术编辑：李向昕　　　　　　装帧设计：李向昕
责任校对：康　悦　　　　　　责任印制：马　洁

总 序

一

　　《国家中长期教育改革和发展规划纲要（2010—2020 年）》提出："办好每一所学校，教好每一个学生。"几年来，各地涌现出了一批好学校、好校长、好教师。总结和推广他们的经验，是推动我国教育改革和发展，提高教育质量，促进教育现代化的强大动力。广州市是我国改革开放的前沿，不仅有着深厚的文化积淀，而且在改革开放中敢为天下先，在教育领域积累了许多新经验。广州市教育局在《广州市教育事业发展第十二个五年规划》文件"办好让人民满意的教育"的要求下，决定组织编写"走进广州好教育丛书"，实在是适逢其时。这是对广州市多年来教育改革创新的一次总结，也是对广州市今后教育改革的一次推动。

　　根据编委会的设计方案，丛书拟从广州市 1000 多所中小学校、10 多万名教师中选出 10 所"好学校"、10 名"好校长"、10 名"好教师"列入首批出版计划。他们有的是已有 100 多年建校历史，积淀了深厚文化内涵，至今仍然在不断创新中继续勃发着育人风采的老学校；有的是办学时间不长，但在全校教职工磨砺创业、共同耕耘下办出水平的新学校。他们有的是办学理念先进、充满活力、管理经验丰富的好校长；有的是师德高尚、业务精湛、热爱学生的好教师。总之，他们热爱教育事业、热爱每一个学生，创造了卓越的成绩，是好学校、好校长、好教师队伍中的典范。

当前，我国教育正处在由数量发展转向质量提高的转折点上。到2020年，我国要基本实现教育现代化。教育现代化的实质就是要培养现代化的人。教育要回到原点，立德树人，培养具有为国家、为人民服务的责任心，具有创新精神和实践能力，并且具有国际视野和国际交往能力的人才。教育大计，教师为本。我们的校长和教师要立足中国，放眼世界，转变教育观念，改变人才培养方式，促进教育现代化的进程。

我希望广州市在编写"走进广州好教育丛书"的过程中继续挖掘先进人物和新鲜经验，率先实现教育现代化。

2016 年 7 月

总序

二

　　2014年的教师节前夕，我写了一篇《广州教育赋》，后来这篇文章在《中国教育报》上刊登了。在这篇赋中我有这么几句话："大信不约，好校长何止十百；大爱无疆，好老师何止百千；大成不反，好学生何止千万；大道不违，好学校就在此间。"中心意思是说，广州好教育是由十百千万的好校长、好教师、好学生和好学校共同铸成的。正是有着他们的大信大爱和大成大道，广州作为国家重要中心城市之一，在教育，尤其是基础教育方面，才能卓有建树，我们也才有可能推出一套"走进广州好教育丛书"。

　　在这篇序言中我想表达三个朴实的想法。

　　第一个朴实的想法是，一座城市的教育发展单靠一两所名校，几位名师、名校长是支撑不起来的。能够为这座城市源源不绝地提供人才智力资源的应该是有那么一大群校长、一大批教师和一大拨学校。他们形成一个个各具怀抱的优秀群落，为这座城市辈代不绝地做着贡献，那我们就要为这一个个优秀群落树碑立传。对于广州这样有着将近1500所中小学的特大型城市而言，我们特别有理由这样做。正是有着他们的大信不约（《礼记·学记》）——真正的信义不需要盟约，他们才会在每一所学校不断坚守；正是有着他们的大爱无疆——博大的仁爱无边无际，他们才会为每一个学生殚精竭虑；正是有着他们的大道不违（原为"大道无

1

违",《晋书·嵇康传》)——不违背教育的使命与历史发展的规律,他们才会为每一个进步中的时代进行着生动的背书。有了他们,才会有一座城市的教育;有了他们,才会有一座城市的发展。有人要问,这套"走进广州好教育丛书"出齐会有多少册?老实说,我也不能确定。这第一批推出的 30 册只是一个开始,但我相信,只要这座城市在发展,属于这座城市的教育大赋就一定不会有画上句号的时候,它一定会以这样或那样的形式展现出来。

第二个朴实的想法是,对于基层教育工作者来说,我们真正需要掌握的教育规律和教育法宝就那么几条,如果我们钻进教育思潮的各种主义与模式的迷宫中不得而出,那就容易忘记教育最基本的追求。几年前,广州一个区的教育论坛请来了顾明远先生,顾先生在论坛上说:"没有爱就没有教育,没有兴趣就没有学习。"我们深以为然。教育理论当然有很多,都值得我们认真学习,其他不讲,仅"因材施教"和"有教无类"两条,在我们的教育实践中是否做到了?我相信,如果我们做到了,那我们就有可能进入好教师、好校长、好学校的序列。所以,在这套丛书中,我们特别看重的是重返教育现场,讲好教育故事,今往兼顾,名特相谐。丛书所列既有杏坛前辈,也有讲台新秀;既有百年老校,也有后起名品;各好其好,好好共生。早在 100 多年前,广州教育就已经在现代化进程中开风气之先。比如说鼎鼎有名的万木草堂,20世纪 20 年代开辟新学堂;再比如说最早在广州推行开来的六三学制。在当下的教育大格局中,广州教育自然也不能落后,要有广州的好教育。

第三个朴实的想法是,好教育需要有一个好的教育生态。习近平总书记说:"我们的人民热爱生活,期盼有更好的教育。"我们要努力办好让人民满意的教育,那这个教育上的"好"应该体现在哪些方面?除了上面提到的好学生、好教师、好校长、好学校之外,好的教育生态应该是一个必不可少的要素,这其中的一个重要标志就是能够形成尽可能多的教育共识。我们组织编写这套"走进广州好教育丛书",一个目的就是通过展示我们的教育实践来推动形成更多的教育共识：原来在我们这座城市，在我们身边，就有这些好的教育，值得我们称赞，值得我们珍惜。我们的教育要全面上水平、走前列，这行进过程中积累起来的好教育基础就是我们不断奋力前行的保证。

最后，作为这套丛书的策划者，我要特别感谢北京师范大学出版社，我仍记得三年前，时任北京师范大学副校长的杨耕同志领着北京师范大学出版社的朋友们和我们讨论这套丛书编写出版规划时的热烈情景；另外，我要特别代表广州市教育局感谢顾明远先生为本套丛书作序；还要感谢总主编吴颖民先生以及华南师范大学、广东第二师范学院、广州大学的分册编委的专家团队，正是有他们的认真组织和每一位分册作者的孜孜以求，这套丛书才得以和各位读者见面。

2016 年 7 月

前 言

QIANYAN

　　自主发展能激人发奋；自主展示发展成果能让人愉悦；成功的赏识能让人努力自主进取，让生命绽放更大的光彩！我崇尚的是能让学生张扬才能，充分地展示自我、发展自我，从而获得成功喜悦的扬才教育。作为一线教师，我教的学生正处于世界观正确形成、学习能力自我发展的基础阶段。中学物理教学是进行学生自主发展能力培养的良好途径。教师要充分利用物理知识与社会生活紧密关联的实际，根据教学内容，启发学生主动联系生活实际开展探究学习活动，引导学生自主总结并主动汇报、分享学习成果。如此，学生才会逐步学会在学习和生活中欣赏别人、悦纳自己，极大挖掘自身学习潜能，自觉进取。教师的教学就能收到事半功倍的效果。

　　教师只要善于利用物理教学的特点，在教学过程中引导学生积极进行猜想、设计、实验，并积极主动进行分析、论证、评估、交流、合作，就能激发学生自发地投入学习中去。学生就能主动改变自身的学习与生活环境，寻求创新，提高学习效率和生活质量，学习就能取得进步与成功。教师就能引导学生逐步学会自主学习，学会自主创新，学会生活，更学会发展，为学生在以后的学习、工作和生活中完善自我，实现人生目标，保证人生健康持续发展，直至获取人生成功奠定坚实基础。

　　在教育教学过程中，让学生充分展示自我，在课堂上全面呈现自己自主探究、自主学习、自主创新的成果，展现自己成功探求知识的收获，共同分享绽放成功的喜悦，促进学生自主发展，这就是我工作的最大追求！

我从走出大学校园、踏上教师工作岗位的那一刻开始，就对如何培养和提高学生自主探究和自主学习的能力，特别是对提高学生创新能力方面进行研究与实践，逐步形成自己的扬才教育思想，创新了以扬才教育思想为基础的，适应学生主体发展需要的"自我教育，自主发展"教育方式，把传统教育模式创新为"师生互动、自主参与"教育模式，确立了"七步"有效教学模式，创新构建了扬才教育思想下的创新物理教育体系。创新物理教育体系收获丰硕，收获多项国家发明专利，国家、省、市奖，成果论文、图书繁多。

本书就是在此基础上完成的创新教育成果，主要阐明在当今新时代背景下如何改革中学物理教育教学，如何创新教育方法，培养学生自主创新能力和整体综合素质的问题。本书详细阐述了扬才教育思想下创新物理教育的理论、操作方法、实施方式及实践效果。书中所述研究成果在向国内外中小学推广中，应用成效突出，全面提高了推广地物理教育教学水平，深受各地教育部门、教师、家长的肯定和欢迎。

目 录

MULU

第一章

教育寻径——雏鹰展翅寻梦圆

一、创新萌芽——教育寻梦的起点

(一)爱拆玩具的孩子

每个小孩都有一颗喜欢探究新鲜事物的心。我小的时候也不例外。小时候我最喜欢做的事就是问"为什么",对于身边出现的新奇事物,总想探究其中的奥秘和原理,经常对刚买回来的玩具、日常用品进行拆装、"解剖",常常三天两头就被长辈们批评。

一天,我的探究兴趣又来了。我对家里刚买回来的机械闹钟十分好奇:为什么闹钟拧紧发条,它的指针就能不停转动,到了设定时间,还会自动响起来呢?它里面的结构是什么样的?原理是什么?我要探究其中的奥秘。于是,我翻出了家里的螺丝刀等工具,偷偷拆开了机械闹钟。闹钟的后盖一打开,我就被里面的精密结构吸引了。里面的指针嘀嗒嘀嗒地反复摆动,外面的表针就会不停地走动,我觉得太神奇了!我继续将下一层的螺丝拆掉,用力扳开下一层的金属架,"咔啦"一声,弹簧松开,闹钟里外的指针都不动了。我想:坏了,闹钟不走了,我要把它重新装好,不然又要被妈妈批评了。我按反向顺序,重新将零件一一装回去,装到最后,弹簧却装不好,压不回去,闹钟的指针一点都不动。我心想,只能老老实实地向妈妈检讨。妈妈回来后,我如实地向她讲述了拆坏闹钟的过程。妈妈没有批评我,而是安慰我:"你行的,只要你细心地安装,必定能安装好!"吃过晚饭后,我仔细地拆了又装,装了又拆,在装到第三遍时,闹钟的所有指针都开始走动了。我高兴地跟妈妈说:"妈妈,您真行!""不是我行,是你自己行,你真棒!"妈妈的鼓励给了我勇气,更给了我继续探究的动力,以后凡是遇到新奇的事物我都敢于探究。就这样,创新的种子在我幼小的心里萌芽了。

这样的例子我记忆犹新,更促成了我以后对物理学习的热爱和对物理教育教学的投入。物理教学必须引导孩子主动探究,主动解决问题,要充分利用孩子好思爱问的天性，鼓励孩子主动探究，主动参与，力求创新，这样孩子才会有更大的发展空间。

鼓励探究，肯定创新，这样的成长氛围为我日后的创新物理教学的确立打下了坚实的基础。

(二)乐于实践的中学生

随着年龄的增长，我喜欢动手探究的热情不但没减退，反而越发高涨。上中学后，我更喜欢实验操作，特别喜欢参与各种各样的实践活动。对于中学新增的物理、化学等课程，由于含有不少的动手实验操作内容，我更是喜欢。我就读的家乡中学属于农村中学，学校教学的硬件与配套软件都很落后，实验教学的设备与条件缺乏，不要说做学生实验，就是教师的演示实验都无法做全，我的热情受到了一定的影响。但我想到一个很好的办法，就是利用日常生活中的用品、器材来做物理和化学实验，将实验问题生活化，实在做不了的才向教师借用实验演示器材完成。

一天，物理老师讲到了电磁感应的问题，课堂上，老师不仅用实验演示了电磁感应的现象、感应电流产生的条件，更讲解演示了发电机的原理。看着老师手握发电机的把手一摇一摇地转动发电机，连着发电机的小灯泡一闪一闪地发光，连着发电机的电流表指针不断地左右摆动，我着迷了，心里暗暗想，回家我也来做一个小发电机模型。放学后，我找来了两块废磁铁、一捆细铜线、一个小灯泡，先将一段细铜线折成长方形线圈放在两块磁铁之间，再在线圈两头接上导线，导线接一个小灯泡，形成闭合电路。我不断转动线圈，但灯泡一点都不亮。重复制作多次，连续转动多次都不行，我泄气了，但是又不甘心：为什么老师能成功而我不行？第二天，我回学校请教老师，老师看着我的作品说："做得不错！只是磁铁的磁性太弱，线圈的匝数也太少，产生的电流太弱，无法使电灯亮起来。我给你个灵敏电流计，你回去修改后再用电流计尝试测一下，看是否有电流。"放学回家后，我将模型的磁场增强，线圈匝数增多，并接上灵敏电流计，电流计的指针终于来回摆动，实验制作成功了！突然间，我灵光一闪：能否将废玩具的电动机改做成发电机呢？想到就做。我将找到的一辆废电动玩具车上的小直流电动机拆下，在轴上加装上小风扇叶片，并将电动机两根外接导线连接灵敏电流计。当我用力转动风扇叶片时，电流计的指针摆动了，我的实验创新又成功了！

创新意识在实践中萌芽，在实践中生长。

物理知识与生活息息相关，物理知识不仅可以改变我们的学习环境，更可以改变我们的生活质量。这次物理创新探究的成功不仅给了我莫大的喜悦，而且鼓励我积极利用物理学习改变自己的整个学习状态，提高学习效率。

二、能量储存——教育寻梦的基础

(一)热衷创新的学子

转眼间，我步入了大学校门，爱探究乐实践的特长又得到了发展，我热衷于参加校园内外的创新实践活动。校园内，大部分的同学满足于考试 60 分万岁，而我认为青年学生不能满足于考试及格，满足于小小的生活实践创新，而是要积极参加社会实践，在实践中积极调查，深入研究，并及时向有关部门反映创新管理和建设的意见，这样才能全面提升自己的能力和素质，为毕业后的专业发展打下良好基础。

课余，我对学校的教育教学环境建设以及同学们的学习意识、学习心态、学习状态进行了详细调查，写出了《从 60 分万岁谈起——学生良好心态的建立与校园科学建设》论文并获得学校奖励，其他有关学校班级科学建设的论文在校刊发表，得到了系领导、校领导的肯定。

我对校园学习环境的成功调查对同学们的触动很大，更对校园学风建设带来了良好影响。我感到自己的调查工作没白做，这也激发了我继续进行实践调查的热情。探究实践可以改变学生的学习状态，创新实践更可以改变校园的学习环境和氛围，全面提升学习质量。

教育改革，实践创新，可以造福我们青年学生的生活，我选择教育工作之路的决心更坚定了，我要走向教育改变社会生活之路。

(二)关心家乡建设的青年

大学的一个暑假，我对家乡的环境、文化、交通建设等做了详细调查，对家乡——广州市城郊农村的社会环境、生活环境、文化环境，特别是家乡的综合建设发展前景有了更深刻的认识。我认为要加快家乡的发展必须首先发展道路交通，加快道路交通建设才能促进经济发展，同时，还要加大农村文化建设力度，更要加大教育投资，只有人的文化素质提高了，人的技术意识才会增强、发展意识才会增强，家乡的面貌才会有大改变，村民才能更快过上小康生活。据此，我写成了研究论文，并将研究成果向学校和家乡当地部门反映。上交的成果得到了有关部门的肯定，创新性建议在家乡建设中被采纳并逐步体现。

校园内的实践调查是我日后综合能力发展的基础，校园外的家乡建设实践更为我日后成功走上教书育人岗位提供了有力的能力保障。关心学校建设，共同建设家乡，最大限度地提高自己的整体素质，才能为以后的创新育人储备能量。没有这样的能量储存作为基础，就不能胜任教师的岗位，更不可能实现创新育人的理想。参与家乡创新建设为我日后创新物理教育梦想的实现积聚了巨大能量。

师范院校的良好教育，为我后续的创新教育实践奠定了坚实基础。

三、创新迸发——教育寻梦的发展

(一)家乡的教学现状催我清醒

乘着 20 世纪 80 年代末教育改革的春风，大学毕业的我回到了久别的家乡，在家乡刚刚建成的一所农村中学担任初中物理教学工作。校园的简陋、教学设备的落后，令我备感不适，老教师们的教学理念、教学方式的滞后更让我困惑。在学生们一双双渴求知识的眼睛的注视下，大部分教师依然沿用传统的满堂灌的教学方式，自身的学习效率低下，知识获取不足，严重影响了其能力和素质的发展。

带着对教学环境的不满，带着对新角色的期望，我努力贯彻在学校学到的新理念，带着热情和激情完成了第一个学期的教学工作。结果出来后，学生的成绩令我大失所望。我一边向有经验的教师求教，一边对不同班级的学生进行了调查。

"年轻人，教学不是光有学历和热情就够的，还要讲究科学的教学方法。"老教师这样跟我说。

"老师，我们很喜欢你上的课，实验五花八门，够吸引人！"学生高兴地跟我说，"比起以前物理老师的课，有趣多了！"

学生的话引起了我的深思：为什么我用新的理念和方式来教学，教学质量并不高？为什么满堂灌、高强度练习的课，学生不喜欢，却能考出高分？带着这些疑问我进行了更深入的调查。

对老教师的教学做了深入调查后，我明白了其中的原因：学生虽然不喜欢上他的课，但迫于他的声望和威严，只能按照他的要求进行大量练习，甚至将其他科目的学习时间都占用了，才考出了这样的成绩。学生们既学得辛苦，又不喜欢，一直是在被动学习，这大大打击了学生学习的积极性。我感到这不是一种科学的教学方法，我一没有老教师的声望，二没有他的威严，况且学生学得也太辛苦了，教育教学方法不可取，必须进行改革。我必须找到能高效促进学生学习的方法和途径。带着这样的工作思路，我投入到了新一阶段的教学工作中去。

(二)学生的初步成功启我学习

在第二年的教学中，我积极按照自己的思路和计划进行教学改革，努力找寻学生学习兴趣提高和学习能力发展的切入点(图1-1)。我首先

从物理教学中实验教学比较多的
特点入手，吸引学生主动参与物
理知识的实验探究学习，然后逐
步让学生学会将自己在学习过程
中的具体想法、实验结果在课堂
上呈现给同学们，我对他们的努
力给予充分的肯定和表扬。在此
基础上，我布置适量的课外作业，
鼓励学生课后巩固课堂的学习效

图 1-1　初步尝试改革实验课

果，继续提高自己。同时，我严格要求学生做到：当天的问题要当天解
决，当天的课外作业、实验探究要当天完成。同学们要为第二天的课堂
交流做好准备。

　　图 1-2 反映的是我在八年级
进行的一节实验课——"弹力"的
教学。教材没有安排学生探究弹
簧测力计的原理和制作，如果单
纯照本宣科，学生也能接受知识，
但也只能被动接受。我结合所教
的农村学生动手能力强、理论知
识弱的实际，大胆进行教学改革，
改变课堂教学方式，将传统讲授

图 1-2　改革实验课

变革为引导学生主动实验探究，不只是要探究弹簧测力计的结构与使
用，还要探究弹簧测力计的原理、简单制作，进而让学生在课堂上展示
自己制作的简易弹簧测力计，用它测量文具的重量。课堂上，在我的科
学引导和组织下，同学们积极探究，小组合作，大胆试验，互相交流，
踊跃汇报，主动分享，设计的弹簧测力计获得了阵阵掌声，同学们在其
他同学和教师的共同赏识中愉快地掌握了知识，更学会了知识运用和创
新，课后更是自觉投入弹簧测力计的创新运用中，解决购物时遇到的称

重困难。学生的知识学习与能力拓展培养收到了明显效果。

就这样，我从八年级抓起，经过两年多的努力，改革收到了初步效果。

中考会考成绩公布的那一刻，同学们纷纷高兴地告诉我："老师，我成功了！考出了我从来没考过的好成绩！"他们比以前进步了，不少同学考出了他们从来没想到的高分，班级物理中考成绩也排到了年级的前列。教学方法的初步改革收到了明显的效果，课堂教学改革的收获更坚定了我继续进行改革的思路：引导学生自主学习，让学生自主展现，体验成功。激发学生主动学习是一种高效的教学方法。

(三)科研成果推广助我奋进

十年过去了，我一直按照自己的思路进行着改革实践，成功地送走了一届又一届的毕业生。在这个过程中，我又陷入了深思：实验班的教学改革成功不能说明什么问题，要大面积的"丰收"才算成功。光靠小小的改革，好的教学效果是不会长久的。如何才能将我的改革深入，并加以提炼、推广，让所有学生都能高效学习，实现整个年级、整个学校的教学质量进一步提高呢？我遇到了教学改革实践的瓶颈。而此时，省、市、区教研室进行的课程改革课题研究启发了我，我可以利用进行课题研究的契机，将我的成果向学校的同行推广，开展校级的课题研究，取得成功后再向区同行推广。同时，我积极申报市级、省级的教学科研课题，将教学改革课题研究的成果向外推广，这样，激发学生主动学习的高效教学方法才能在更大的范围获得成功。

我想到做到，申报课题成功，成为区学科课题研究组长，主持负责中国教育学会物理专业委员会的"学生自主学习能力培养实验研究"的子课题研究。课题成功结题，研究成果获得了区教育教学成果奖。我的研究成果得到了上级肯定，成果得到了推广：在全区、镇和片开展公开课、试验课，并召开全区现场会；作为唯一教师代表在区科研结题大会上发言，同时，又作为教师代表参加了广州市教育科学"十五"规划课题、白云区首个区域性课题——"主体性教育的实验研究"市成果鉴定会，成果和研究经验向全区推广；2006年被评为区优秀科研骨干教师，2007年被评为区物理科课题研究优秀子课题组组长，2008年被评为广州市白云区义务教育新课程实验先进个人，2009年被评为区科研标兵，两次获得广州市白云区人民政府嘉奖。

在白云区开展课题研究的成功更坚定了我向着更高目标迈进的决心。我知道这只是我在科研工作方面迈开的第一步，我还要在市、省的物理改革课题研究方面迈开第二步、第三步……创新教法，力争让更多的学生学得高效，获得成功。我申请到了市级、省级的课题，继续围绕中学生自主发展的问题展开研究，研究成果不断向外推广。

四、创新收获——教育寻梦的成果

我的辛勤耕耘得到了回报。作为普通中学的一名物理教师，我有幸被广东省教育厅选为广东省基础教育系统"百千万人才工程"名教师的培养对象，参加了为期三年的学习。我很珍惜这一次难得的学习机会，积极参加研修学习，深刻领会广东省教育厅和培养指导中心的精神，在广东省教育科学研究所所长、专家的指导下，自觉进行研修学习。"百千万人才工程"以生为本的培养将我的能力与水平提高到更高的层次，使我的教育意识、教育能力、教育教学水平有了质的飞跃，给我插上了腾飞的翅膀。

(一)德育工作创硕果

为做好班主任工作，我积极开展德育课题研究。我多次接手全年级成绩最差的班级，做到转差培优；培养的学生多人次获市三好学生、市优秀学生干部、市优秀共青团员奖；带领的班级升学会考成绩位居年级前列，多次被评为文明班。我所写的德育课题研究论文多次荣获白云区教育局德育成果评比奖。我也在2008年被评为广州市优秀班主任。

(二)教学业绩显优秀

我所教班级的物理成绩,均比接手前有很大提高,学生参加会考的成绩超过区、市平均分,连年排在区同类学校前列。我所辅导的学生参加各级物理知识竞赛、青少年科技创新大赛取得好成绩,200 多人次获区级、市级、省级、国家级奖项,12 人获国家发明专利。2004—2017年,我获得区级、市级、省级青少年科技创新大赛辅导老师奖 86 次,2010—2016 年,我被评为白云区优秀科技辅导员,2012 年、2013 年、2014 年均被评为广州市十佳优秀科技辅导员,2014 年、2017 年被评为广东省少年儿童发明奖十佳优秀科技辅导员(园丁)。2011 年,我指导学生参加广州市首届综合实践活动优秀学生成果赛、广州市青少年科技创新大赛,获一等奖(第一名),创城郊学校学生获奖新纪录,并于同年被广州市教育基建和装备中心评为优秀指导教师……

(三)带领科组同进步

我积极开展新课程改革实验,组织学片教研活动,多次承担区、市示范课任务。特别是协助组织全区学科教师的新课程学习和培训,多次进行授课。我紧抓青年教师的培养和科组的建设,促进青年教师迅速成长,所帮助的青年教师受区人民政府嘉奖、被评为区优秀青年教师(两人次),带领科组被评为区优秀科组、区课题研究优秀子课题组,2008年、2011 年连续两次带领科组被评为市中学物理先进科组(白云区初级中学唯一一所)。

(四)课题研究出佳绩

我积极开展省级课题的研究和国家级资助课题子课题的研究,多次举办区、市、省成果展示现场会、汇报会,多次在全区进行课题研究授课、讲座,开设区、市、省课题研究公开课,在区科研结题大会上发言,研究经验向区、市、省推广。我参与、主持的区级、省级、国家级课题顺利结题，研究成果上报广东省基础教育系统"百千万人才工程"培养指导中心、广东省教育科学研究所、广东省教育厅、中国教育学会物理专业委员会等有关上级，得到充分肯定，获各级教学成果奖，并入选2014年基础教育国家级教育成果奖广东省推荐成果名单。现阶段，我正主持省教育厅和市特约教研员专项研究课题。

我认真开展课题研究的教学设计与实施，撰写研究论文，论文多次获奖并发表。论文曾获国家一等奖1次，省一等奖1次、三等奖1次，市一等奖5次、二等奖5次、三等奖5次，区一等奖8次、二等奖9次、三等奖5次；教学设计获市二等奖2次，教学录像获市三等奖1次。所写的论文在《现代教育论丛》《中学物理》《中学物理教学参考》《中学教学参考》《物理教师》《中学理科》《广东教育学院学报》等期刊上发表。参与编写的书被广东经济出版社、汕头大学出版社、新世纪出版社、广东教育出版社等多家出版社出版。

(五)综合业绩列前茅

2002年至今，我一直担任区、市中学物理等学科教研会委员、理事、副会长；2006年被广东省教育厅评为省基础教育系统"百千万人才工程"第三批省级名教师培养对象(白云区唯一一名)，2009年培养期满验收合格，并被评为优秀学员；2007年至今连年被聘为市物理科初中中心组成员；2007年被评为广州市首批基础教育系统市级骨干教师(全区物理科唯一一名)；2008年被评为广州市优秀班主任；2009年、2014年、2017年获国家实用新型发明专利；2010年，被广州市教育局聘为中小学特约教研员；2011年、2017年被评为广州市优秀教师；2012年获广州市教学成果奖二等奖；2012年7月被广东省教育厅评为广东省中小学名教师工作室主持人；2012年被评为广东省南粤优秀教师；2013年获广东省教学成果奖二等奖。在教育管理方面，我工作业绩显著，为学校荣获白云区初三毕业班工作一等奖、白云区义务教育新课程实施先进单位、市学科深化素质教育工作试点学校、广东省英特尔未来教育项目推广示范学校做出很大贡献。

这一系列成果的获得是对我创新物理教育改革工作效果的肯定。教师敢于创新、勇于实践、科学实施，学生主动参与、积极配合，改革必然会取得成功。这是整个团队的成功，它给我带来的不仅仅是初步成功的喜悦，更是对我今后工作的鞭策，使我更加明确了创新物理教育的改革方向，就是进一步完善和推广成果，不仅在物理学科教学中进行创新教育，而且要在其他学科教学中也进行创新教育，更要在校内、校外全面推广创新教育，让更多的学生、教师在创新改革中学会自主，学会扬才，让更多的学生、教师在主动进取过程中不断收获成功，享受创新的快乐。

第二章

理想积淀——理念历练凝扬才

一、追寻理想——教育思想凝练

教育，就是用爱心去开启学生的心灵之窗，就是力争让每个生命都能健康成长。我在教育教学中积极追寻自己的教育理想。

我热爱学生，特别是对身有残疾的学生更是多加关心，力求在教育过程中让学生感受到爱，并将我的爱转化为学习的动力。学生再将爱心回报父母，回报社会。

在班主任工作中，我积极创新，创设切合班级实际的管理方法和教育模式，做到转差培优，使后进生明显转化，尖子生发展更全面。

(一)关爱学生，帮助学生克服生活和学习中遇到的困难

我关心每一位学生的健康成长。对于家庭有困难的学生，我总是细心关怀爱护，努力帮其克服生活和学习上的困难。

2004年我接手九年级毕业班教学，刚开学，就有一位残疾女生小娟(化名)来跟我说要退学，我耐心地询问："你有什么困难？我可以帮助你。"她回了一句"我家里太困难了"后，眼泪一掉就什么也不说了。我跟她谈了很久，她还是坚持："我不读了！"下午放学后我进行了家访。她的家，房子低矮、破旧、潮湿，陈设简陋，甚至连冰箱都没有。我一坐下，她外公就跟我叹气："唉，我这孙女命太苦了！出生不久就得了小儿麻痹，她爸爸见治了这么久还治不好，就一去不回，只剩下我和她外婆供养她和她有病的妈妈……"原来，这位同学的爸爸是外县招来的女婿，两位老人本来希望招来的女婿照顾有病的女儿和给他们养老，但是这位不负责任的女婿居然跑了，之后便杳无音信。小娟见家庭失去支撑，加上自己成绩不好，就产生了退学打工的念头。了解到这些，我就跟她说："经济困难，学校、老师可以帮助你，你一没文化二没技术能找到什么工作？更谈不上照顾妈妈。你现在应该先把书读好，争取考上技校，学好技术，才能找到好工作，回报外公、外婆！"我发动教师、同

学为她捐款，为她争取有关经济补助，她不仅没退学，而且自觉学习，最后还考上了理想的技校。

(二)热爱学生，不放弃每一个潜能生

每一个学习和表现有不足的学生，都是我教育的潜能生。对学生，特别是成绩中下的学生进行教育时，我做到"严""爱"结合，对学生的每一点进步都及时表扬，不断加以鼓励。学生理解了我的爱，更加自觉学习，乐于进取。

1."老师，我懂得了爱惜自己"

我接手班主任工作的第一天，2006届毕业班学生于小文(化名)就迟到了，她染着黄头发，戴着耳环，严重违反《中学生日常行为规范》。通过了解，我知道她成绩差，贪玩，喜欢打扮，爱和无心上学的校外学生玩在一起，经常违反纪律，爱顶撞老师，是班里最令人头疼的"明星"。我要求她把头发染回黑色，遵守校规，她坚决不干，甚至拿不上学来要挟。我立刻打电话给她家长，从她妈妈的口中我知道了她这样做是为了报复她爸爸和妈妈的离婚。课后，我立刻家访，耐心教育，严格要求，并和她交心，及时补课。她的坏习惯虽有反复，但我坚持不懈，利用"好友"骗她去唱歌而将她"出卖"给社会流氓的机会彻底唤醒她："报复别人，最受伤的还是自己。别再玩下去了！"

经过这一次挫折和教训，她真正成熟了，努力学习，奋起直追，终于考上了一所理想的中专。毕业临行前她由衷地跟我说："老师，谢谢您！是您教会了我如何爱惜自己。"

2."老师，谢谢您的爱"

2007届毕业班学生莫亚(化名)，八年级时学习成绩很差，甚至不敢参加个别科目的期末考试，受社会不良青年的影响，曾受学校处分。我接手班主任工作后，积极和家长联系，及时家访，耐心细致做好思想教育工作，严格要求，积极引导，挖掘优点，及时表扬鼓励。虽然经过

多次反复，但我不懈努力，使他逐步感受到教师和家长的爱，最终乐于接受教育，主动要求进步。莫亚不仅克服了常迟到和旷课的缺点，打消了退学的念头，而且被撤销了处分，参加升学会考，以理想成绩毕业，进入高一级学校。毕业后他深情地对我说："老师，谢谢您对我的爱！"

正是抱着"让每个生命都能健康成长"的教育理想，我尽自己的最大努力做好学生的教育工作。我所担任班主任的班级，从来没有出现过学生违反学校规章制度的现象，学生的学习成绩和综合素质都有了全面提高，学风明显转变，班风良好，升学会考成绩多次位居年级前列，多次被评为文明班。我也因此被评为广州市优秀班主任。

二、理想凝聚——教育思想概括

在普通人眼里，教师只是一个平凡的职业，学校教育是一项很平常的工作，而通过多年的耕耘，我深深感到教书育人是一项平凡而又伟大的工作，育人效果会影响学生一生的发展。作为一名普通中学教师，我明确教师对学生日后可持续发展的重要作用，在这个平凡的岗位上，我尽了自己的最大努力，促使学生自主学习、自主创新、自主发展，力争让每个学生都取得成功，为学生的终身发展奠基。

(一)我的教育思想内涵

我的教育思想：扬才教育，让每个孩子绽放成功之花！

教育，就是激发学生的内在潜能，挖掘学生的自身才能，张扬学生的个人才华，就是让每个弱小的生命都能健康成长，就是让每个学生都能在学习的过程中展现自主，学会创新，学会发展，取得成功，就是为每个学生绽放成功之花奠基！

教育，就是用智慧去敲开学生探求知识之门；教育，就是为学生学会创新、学会发展铺路；教育，就是力争让每个学生都取得成功！

在教育教学的过程中，我充分利用每个教育环节和时机，让学生在同学和教师面前表达自己的思维优势及能力闪光点，在众人肯定和欣赏的目光中表述自己的思维结果，展现技能，自主地展示个人能力和才华，获得赏识，激发自己进一步主动获取知识、提高技能，享受进步带来的喜悦，自觉进取，直至获得最后学习及今后生活的成功。这就是我的教育思想。

1. 扬才教育的含义

扬才教育，就是让学生在学习及成长过程中，充分展现身上的各种才能、才华，引发他人及自我赏识，激发学生主体主动发展的自主教育。每个人从出生的那一刻开始，都有能力强项或优点，也就是都有自己的才能，只是大小、强弱、多少不同而已。这些才能有天生的，也有后天形成的。每个人在成长的过程中都有展示自己才能的愿望，在展示才能的过程中引起别人的注意，让别人赏识自己，激发自己主动进取，发展更多更大的才能，不断进步。我们所说的扬才教育，就是在教育教学活动中，唤醒人的自我发展潜能，高效促进人自我完善教育，自我完善发展，让学生把天生和后天形成的才能(长处和优点)在学习及活动中充分在大家面前展示，引起同学、老师的共鸣，得到大家的赏识，从而激发学生主动学习，不断提高，主动进取，将被动学习转化为自主学习。扬才教育遵循生命成长规律，帮助学生实现与外界健康互动，展示才能，提高学习成绩，发展能力，主动创新，全面发展。扬才教育可以极大提高教育效率，保障育人效果。

2. 学生成功的含义

学生成功是指学生个体相对自己已有能力和素质的小提高与大发展。学生的成功可以是学习成绩的一点点提高，可以是个人能力的一小步提升，也可以是个人道德品质的一点发展，更可以是个人生活、处事能力的小改进，每一点相对于基础水平的提高都是小的成功。鼓励学生一步一步累积小成功，转化为学习能力的大提高，综合能力与素质的大提高，直至生活能力、工作能力的全面提高，为日后个人以及事业的成功奠基。

(二)我的教育思想理论依据

1. 心理学依据

(1)人的情绪情感健康发展的需要

美国心理学家威廉·詹姆斯(William James)说：人性中最深切的心理动机，是展示自己才能，被人赏识的渴望。也就是说，主动展示才能而被人赏识是人的良好情绪与情感建立的需要。

人的情绪情感是以需要为中介的对客观事物和对象的态度体验。那些满足人需要的对象，能引起各种肯定的态度，产生高兴、满意等情绪情感。良好的情绪情感对认识有促进作用，可以不断提高人的求知欲，促使人不断学习知识，认识世界，追求真理。

心理学研究发现，当学生的某种才能或良好行为得以展现或出现后，如能及时得到正强化，就会产生某种心理满足，产生积极的情绪情感，向更高层次需要做出积极的努力。

(2)环境和教育对人心理健康发展的需要

心理学认为，儿童出生时几乎是无知无能的，经过十多年的时间，就能发展成为具有一定思想观点、掌握一定文化知识和劳动技能的社会成员，经历了一个非常复杂的心理发展过程。影响儿童心理发展的有遗传素质、环境和教育等各种因素。遗传素质是指有机体从亲代继承下来的生物特征，是儿童心理发展的自然前提。如果把遗传素质和环境、教育对儿童发展的作用加以比较，可以发现遗传素质所提供的只是心理发展的可能性，环境和教育却可以将这种可能性变为现实。在环境和教育的作用下，遗传所提供的可能性不仅可以充分实现，而且可以被改造，即某些遗传素质可以增强或消退。遗传素质所提供的心理发展的可能性能否变成现实，取决于环境的影响、教育的作用以及有机体的主观努力等条件，也就是取决于后天的学习与实践。遗传素质只提供儿童心理发展的可能性，而环境和教育则规定儿童心理发展的现实性。因此，环境和教育是儿童心理发展过程中更具有决定性意义的因素。

儿童心理发展是个从量变到质变的过程。我们可利用环境和教育对人心理发展的决定性影响，人为设置适宜学生健康发展的教育环境和教育方式，在学习以及活动过程中，努力创造条件，让学生展现自己的才能，获得别人赏识，促进学生新品质、新能力的发展，实现心理发展的良好质变。

2. 教育学依据

(1)教育对人的身心发展起主导作用

人从出生开始，就接受环境的影响，就经历一个不断学习的过程。相对于环境的影响，学校教育等学习对人的身心发展起着主导性的作用。学校教育可以对环境中的自发影响进行调节和选择，能充分发挥环境中积极因素的作用，克服和排除消极因素的影响，为人的身心发展创造更有利的条件。扬才教育就是有效调节和选择环境影响，有效利用学生自身积极因素的最佳教育方式。它能充分发挥教育的主导作用，保证人的身心健康发展。

(2)自觉能动性(主观能动性)是人的身心发展的内在动力

教育学认为，自觉能动性是指人的主观意识和活动对于客观世界的积极作用，包括能动地认识客观世界和能动地改造客观世界，并统一于人们的社会实践活动中。在同样的环境和教育条件下，每个学生发展的特点和成就，主要取决于他自身的态度，取决于他在学习、劳动等活动中付出的努力。所以，学生的自觉能动性是其身心发展的内在动力。

人是发展的主体，人接受环境的影响不是消极的、被动的，而是积极的、能动的。从人发展的内部因素来看，除了依靠自身的遗传素质外，主要还要依靠自觉能动性的充分发挥。人在社会实践过程中，改造环境的同时也接受环境的影响，并改造着自己。客观环境不断向人们提出新的要求，当这些客观要求为人所接受，就能引起人们的需求。不同的人对待环境和教育影响的主观态度也不同，相同的环境和教育会对不同的人产生不同的影响，人们就有不同的发展和成就。自觉能动性对人的学习和思想品质的形成具有巨大的推动作用，我们在教育工作中必须注意激发学生积极的自觉能动性，促进其健康发展。

学生是自我教育发展的主体，是自觉的有意识的人。他们对所接受的知识、社会经验等自觉进行分析加工，吸收自己所需要的东西。学生受教育的过程不单纯是一个由外向内的传导过程，也是一个由内向外的自觉运动过程。学生具有创造性。在学习过程中，不少学生不满足已有的结论，能运用所学的知识，发挥自觉能动性，去研究、探索，并取得创造性成果。这也是挖掘学生自觉能动性的好方式。扬才教育就是利用自觉能动性来促进学生身心健康发展的好途径。

3. 教育名家的思想积淀

17世纪以来，国内外不少著名教育家都提出了教育要以人为本。人本主义教育思想强调，无论对什么人，都要尊重他、赏识他。教师要不断地发现学生的闪光点，并以此鼓励学生，提高其学习的自信心和学习兴趣。人本主义代表人物、美国心理学家亚伯拉罕·马斯洛（Abraham Maslow）提出了著名的需要层次理论。在基本的生理需要和安全需要满足的基础上，学生对于较高层次的需要就比较迫切。对于学生的爱与归属的需要、尊重的需要，就要求在教育过程中要营造一个良好的环境氛围，创设一种民主、平等、尊重的氛围，建立一个学生能成功自我展示的空间与平台，增强学生的自信心、自尊心，从而激发学生更早地发现自我，发展自我，实现自我。德国教育家约翰·赫尔巴特（Johann Herbart）强调儿童的全面和谐发展，主张"遵循自然"，强调儿童的主动发展。美国实用主义教育家约翰·杜威（John Dewey）主张尊重儿童的个性，把学校变成"一个小型的社会"，让学生在自然、社会、学校等环境中"做中学"，展现个性，展示能力，和谐发展。我国教育家陶行知先生的"生活教育"理论也指出，社会就是学校，生活就是教育，在社会交往中有针对性地对学生进行教育，让学生在交往中充分展示自己的能力与才华，互相欣赏，激励进取，等等。

扬才教育，就是在教育者和被教育者的相互激发与激励的状态下实施的教育。扬才教育在信任、尊重、理解、激励、宽容、提醒等过程中，遵循生命成长的规律，帮助学生实现与外界的健康互动，从而帮助学生提高学习成绩，促进学生健康、全面发展。它作为一种教育的思想观念和方法，是对人本主义理论以及我国教育家陶行知的教育思想的继承和发扬。扬才成功教育就是平等地关爱每一个学生，坚信每一个学生都能成才，肯定学生的整体人格，培育学生的自信，从而促进学生积极向上、永续发展，最终取得成功。

我们必须利用良好的扬才教育环境和教育方式，在扬才展示的过程中体会学生生命的丰富性和主动性，关注学生的每一点进步，帮助学生发现自己、肯定自己，不断培养学生的自尊心，不断树立学生的自信心，从而使他们不仅有积极进取的决心，而且有不断进取的动力，令他们进一步完善自己，超越自己，同时，感召、影响和带动他人，形成团队精神，共同进步，收获成功。

(三)我的教育思想践行

我在教育工作中积极践行自己的教育思想。

对于学习不得法、饱受挫折的学生，我尽最大努力关心爱护。教师的关心是学生进步的源泉，它能消融学生冰封的心，激发学生主动学习、积极进取。扬才助苗，挖掘潜能，激励进步，展现成功，这就是教师爱心育人的最好体现。

1. 用爱心融化冰封的心

2004届毕业班学生周小力(化名)，不爱与同学交往，对教师的教育带有抗拒意识，自我封闭心理严重，常迟到，成绩很差。我通过了解，知道他这样的表现是由以前班主任的不恰当教育造成的。

我及时和家长联系，和周小力进行详谈，鼓励他："不管和以前的老师发生过什么，在我面前你都是一个好学生；你很聪明，只要努力就一定能毕业！"

有一天放学后，他对我说他的自行车丢了，没办法回家，更担心回家后家长责骂。我说我用摩托车送你回去，我来和家长解释。我把他送回了家，并及时和家长进行沟通。第二天，他早早地到了学校，并把字迹工整的作业交到我手上，包括以前从未交过的语文作业。他终于摆脱了自暴自弃，摆脱了自卑。期末考试，他拿到久违了两年的及格成绩，拿到手册的那一刻，他对我发自内心地感谢："谢谢！"

一年后，他考上了理想的中专。到新学校报到前，他专程到学校看望我："老师，其他老师早就放弃了我，我也放弃了自己，你为什么还要那么执着地帮我呢？""因为，我觉得你这么聪明，不学习太可惜了，你应该是一个人才！"我说。

2. 学生的成功是我最大的快乐

2009届毕业班陈小亮（化名），由于基础不扎实，八年级时成绩很差，对学习物理学科知识不感兴趣。通过接触，我感觉他头脑反应灵敏、口头表达能力强。我就充分利用每一次的实验探究及成果汇报课，让他代表小组进行汇报总结发言，让他充分展示自己的强项，并及时在全班同学面前对他大力表扬，树他为班级实验总结能手标兵。一年后，他的学习成绩从八年级时的21分进步到升学会考时的87分，个人的整体能力和素质都有了质的飞跃。

李晓强（化名），八年级考试时物理成绩也只有28分，他刚好和陈小亮相反，他的优点是动手实验能力强，缺点是口头表达能力弱，不敢在同学面前大胆陈述自己的观点。在教学中，我就利用每一次的实验探究课，让他上讲台汇报演示自己的实验过程，同时配上PPT等文字说明，让他充分展示自己的动手能力，鼓励他从只会动手做到敢讲，再到配合实验会讲。不久，我发现他学习物理知识变主动了，人也变得自信阳光，不仅实验操作迅速，而且还能说会写。最后，升学会考他考出了91分的好成绩。

2011届毕业班陈燕娅（化名），平时只是顾着埋头学习，两耳不闻窗外事，成绩只排在年级的中游。我鼓励她，要取得好成绩就必须全面发展，既要搞好文化知识学习，又要勇于探索创新，这样才能提高自身的整体素质，全面进步，为将来考上重点中学、重点大学奠定基础。对她来说，积极参加科技创新活动对她能力的发展是一个很好的机会，也为她能参加以后的大学自主招生考试奠定基础。她接受了我的建议，在不放松文化知识学习的同时，参加由我负责的课外科技创新小组活动，勇于发明创新，展现自己的创新才能，积极参加市级、省级青少年科技创新大赛，获得市金奖、省银奖，毕业考试以年级排名第五的优异成绩考取了广州市第二中学。在获奖的那一刻，她由衷地说："老师，您真能化腐朽为神奇。谢谢您！"

陈小亮在他的学习体会《蜗牛也有成功的一天》中写道：

从上初中开始，我就觉得学习是件辛苦又乏味的事，因为无论我怎样努力，成绩都无法提高，最好的时候也只是语文刚好及格，其他科都不及格，只有三四十分。

上九年级后，我改变了对学习的看法。按照老师教的方法，我从兴趣入手，利用自己实验探究能力强的特点，慢慢学会了预习，懂得了自觉学习，成绩也逐步提高。蜗牛也有成功的一天，我成功了！现在，我不仅觉得物理学习有趣，而且觉得其他科的学习也不乏味，我终于成功地战胜了自己。我要继续努力，争取考上理想的学校。

学生的每一点进步与成功都是我最大的快乐！

第三章

追梦前行——成长自主求创新

一、自主萌动——创新物理教育的思想含义

创新物理教育是指创新物理教育教学方式和创新物理学习方式。从青少年身心发展的客观规律出发，运用启发引导的方法，培养学生的自主意识、主动精神，最大限度地调动其自主性，使之在自主意识的支配下，在各种活动中主动参与、主动学习、主动构建、主动创造，使学生不断主动地开发自我、发展自我和完善自我。改革传统的教育模式，弘扬人的主体意识，培养学生主动学习的精神和自主创新的能力，促进学生全面和谐发展，促进人的可持续发展。

①更新教学观念，改革教学方法，将传统的教学模式转变为师生互动、学生自主参与、主动探究、主动发展的现代教育教学模式。构建"学生自主参与、自主学习、自主创新"的教育新模式。

②创建物理教学有效教学模式，创新实施激发学生自觉学习、自主学习、自主创新的情感、实验教学方法。

③创新学生学习方法，创建学生"主动探究、自主总结、主动应用、自主创新"的高效学习法。

④通过创新教育和学习方法，全面提高师生整体素质，培养创新型师生，促进教师专业发展和学生全面发展。

二、寻求创新——创新物理教育的研究背景

（一）社会历史发展的需要

教育为社会和个人发展服务并受其发展规律制约，当今社会的发展取决于知识与创新。一个国家、一个民族乃至一个人的生存与发展，必须具有创新性。没有创新，就没有发展，在现代社会也难以生存。人的创新性发挥必须以充分的自主为前提，缺乏自主意识和自主能力，或缺

乏必要的自主条件和环境，都难以发生创新行为，人就难以发展。

(二)教育改革的需要

《基础教育课程改革纲要(试行)》列举的义务教育阶段六项具体改革目标就有三项涉及学生自主发展或自主参与策略，要求"形成积极主动的学习态度"，"关注学生的学习兴趣和经验，精选终身学习必备的基础知识和技能"，"改变课程实施过于强调接受学习、死记硬背、机械训练的现状，倡导学生主动参与、乐于探究、勤于动手，培养学生搜集和处理信息的能力、获取新知识的能力、分析和解决问题的能力，以及交流与合作的能力"，注重培养学生学习的独立性和自主性，倡导学生主动创新。

义务教育阶段各学科课程标准，对学生的学习情感、策略都提出了以学生自主性为基础的具体要求，提出中学生应具有一定的自主学习能力、自主创新能力。

《中学生日常行为规范》要求学生养成自尊自爱、注意仪表、诚实守信、礼貌待人、遵规守纪、勤奋学习等行为规范，而这些规范的养成最终需要转化为内部需要，自觉遵守。

《中共中央国务院关于进一步加强和改进未成年人思想道德建设的若干意见》要求注重实践教育、体验教育、养成教育，注重自觉实践、自主参与，引导未成年人在学习道德知识的同时，自觉遵循道德规范。

我国的教育改革正向着以学生为主体、以学生的发展为本，建立具有中国特色的教育体系的方向发展。近年来，教育理论的关注和讨论逐步进入对学生个体成长的实质性层面。以主体性教育思想来审视当前的学校教育工作，不难发现，教师讲学生听，教师灌输学生接受，以教师和书本为中心、学生被动消极的沉闷氛围依然存在。学生自主参与的空间太少，被动地，甚至是被迫地进入学习状态和学校教育情境还是较普遍的现象。这种状况既有学校教育体制上的原因，也与社会传统观念相关，同时，也与教师长期以来形成的教学行为习惯有关。要实现主体性教育，就要实现真正的改革，赋予学生充分的自主性，充分调动和发展学生的自主性，在学生的成长过程中提供充分的自主条件、创新条件，让学生形成自信、诚信、负责、合作、好学、乐于创新等健全的人格品质。

(三)学生成长的需要

随着时代的发展、社会的进步，我国传统的学校教育体制、管理方式以及教育方式、方法已经制约了我国青少年综合能力的发展，特别是学业能力的发展。同时，社会资讯的快速发展、网络信息的高速传递，也给学生家庭、周边社区和学生自身带来丰富的娱乐文化。家庭监管不足，家长包办代替，学生自控力弱、易受外界影响，导致学生文化学习动力不足，学习习惯不良。当今部分学校教学改革不力，也放大了这些不良因素的作用，主要表现在学校教育教学方式滞后，教学以教师为本，以教师教学包办、灌输为主，学生被动接受、被动参与。这种教育教学方式已跟不上学生身心发展的需要。义务教育阶段的学生普遍感到现行教师的教育手段、方式、方法脱离实际，青少年学生探求知识理论、渴望提高学科能力的内驱力缺乏，学校的教育方式已跟不上他们自身发展的需要，当今学生渴望的是兴趣导入和自主参与的活动学习方式。旧教育方式极大束缚了青少年学生能力与素质的发展，阻碍了学生的健康成长，亟待改革。创新教育教学，提高教学、学习效率，成为当今义务教育工作者和青少年学生的共同渴求。

(四)新物理课程实施的需要

顺应当今改革要求，新物理课程的实施目标重点围绕学生学习过程的"知识与技能""过程与方法"和"情感、态度、价值观"三个方面进行改革，总的课程实施目标是：①学习终身发展必需的物理基础知识和方法，养成良好的思维习惯，在分析问题和解决问题时尝试运用科学知识和科学研究方法；②经历科学探究过程，具有初步的科学探究能力，乐于参加与科学技术有关的社会活动，有运用研究方法的意识；③保持探索科学的兴趣与热情，在认识自然的过程中获得成就感，能独立思考、敢于质疑、尊重事实、勇于创新；④关心科学技术的发展，具有环境保护与可持续发展的意识，树立正确的世界观，有振兴中华、将科学服务于人类的使命感与责任感。

这就要求我们在新课程实施的过程中要做到：培养学生对自然、对科学的兴趣和热爱；加强实践活动和探究活动，发展学生的创新意识和实践能力；联系生活、联系社会，突出"科学·技术·社会"(STS)的观点，坚持以学生发展为本，促进学生的全面发展。

根据新课程目标要求、新教材指导思想以及新教材的内容特点，教师在实际教育教学中必须及时转变自己的教育方式，改革教学方法，改进教学模式，积极利用科学探究教学、自主创新教学，培养学生的自主学习能力和自主创新能力，这样才能跟上时代的步伐，高效率地实现新课程目标。

正是在对各种社会客观改革因素和对中小学生现状反思的基础上，我们提出开展立足于义务教育阶段学生自我教育的"自主创新、自主发展"的课题研究。我们认为，开展"义务教育阶段学生自主创新能力培养的行动研究——中学物理为例"将有利于学校物理教育工作适应义务教育阶段学生主体发展的需要，促进学生的成长，让学生以自主发展为本，具有较强的自学、自理、自强、自治、自律、自护的能力，具备良好的学习方法，基础知识扎实，兴趣广泛，求知欲旺盛，身体健康，有一定的判断能力；同时，也将有力地提高学校教师专业化水平，提高教育教学质量，为学校的教育科研积累经验和素材。

三、基础前行——创新物理教育的理论基础

(一)创新物理教育的理论来源与背景

国内外学者对自主探究、自主创新、自主发展的理论实践与教育教

学模式已有大量研究。早在 17 世纪就出现了与传统的班级授课制教育相抗衡的"进步教育"和"新教育"。"进步教育"和"新教育"的核心要义就是倡导学生张扬个性、自主发展。杜威倡导的"以儿童为中心，以活动为中心，以经验为中心"的新三中心教学模式在整个世界影响广大而深远。杜威的教育思想建立在对现代社会、科学和教育等深刻认识的基础上，其精髓是鼓励探究与创新，促进儿童的发展。这为培养学生自主探究、自主发展提供了可资借鉴的经验与理论。美国伊利诺伊大学的理查德·萨其曼（Richard Suchman）教授——探究教学的坚实倡导者与试验者，早在 20 世纪 60 年代就已对此进行了深入而独到的研究，形成了独具特色的探究教学思想。20 世纪 80 年代末的《自主学习与学习成绩：理论、研究和实践》对 20 世纪 50 年代以来学者对自主学习的研究做了系统的总结，其中实证研究有戴维·加德纳（David Gardner）和林赛·米勒（Lindsay Miller）的自主中心研究，杰里米·F. 托内斯（Jeremy F. Tones）的自评和文化对自主学习的影响研究，萨拉·科特雷尔（Sara Cotterall）的自主策略研究，米勒和帕梅拉·罗杰森-雷维尔（Pamela Rogerson-Revell）对自主学习系统的研究。这些实证研究者从不同的侧面对自主学习进行了研究。有学者提出培养学生的自主能力主要有三种策略：一是以学生个人需求为中心，教师、同学以及其他资源都协力使学生实现某一学习目标；二是以学习小组的集体需要与共同进步为中心；三是以解决某一学习上的问题为中心。

国内学者在培养学生的自主能力、创新能力方面做过大量的理论与实践的论述。裴娣娜教授主持的"少年儿童主体性发展的实验研究"项目构建了少年儿童主体发展层次结构特征——自主性、能动性和创造性，形成了主体发展型学生自主管理、自我教育模式等成果。华东师范大学的庞维国教授是国内研究自主学习的代表人物之一，他对自主学习的含义、条件、模式进行了综述。他对学科学习中培养学生自主性的教师角色、培养途径、理论基础等方面进行了阐述。国内学者邱学华、郑保书等对自主教学模式见解独到。北京师范大学郭法奇教授、海南师范大学廖元锡教授、西南大学廖伯琴教授等学者也对自主探究、自主创新教学模式的实践论述深刻。

特别是郭思乐教授领衔的生本教育实验体系，倡导学生自主探究、自主创新学习，参与实验的有一百多所中小学，都取得了预想的结果。实验班与对比班相比，在学习成绩、学习能力、学习习惯、学习兴趣、学习意志、学习的迁移性、独立思维能力、创新能力等方面都有了统计学意义上极显著的差异。在课堂教学中采用"先做后学、先会后学、先学后教、不教而教"的教学模式，取得了显著的教学成效，学生在历次考试中均取得了理想的成绩。通过德育与教学上的自主教育，后进生转变为进步生甚至是优秀生，一批原本很普通，甚至是办学条件和水平较差的学校以及一批"差生"，在短时间内变成了优校、优生，教师的理念和水平也得到了极大提高。

(二)创新物理教育的理论基础

根据对国内外学者自主创新、自主发展的教育理论发展研究以及具体实践经验的分析，我们确立了以下理论作为基础的创新物理教育理论，并据此制定操作模式。

1. 教育学理论

一是马克思主义关于人的主体性与全面发展的认识论。

二是一般认识论、发生认识论、发展认识论。教师教学和学生学习，离不开认识过程，创新教育理论就必须研究教学中师生的认识过程。一般认识论是引导学生学习物理理论的起点，发生认识论是激发学生参与物理实验探究学习的终点，发展认识论是培养学生自主探究、自主创新思维能力的制高点。三种认识论依次递进，是创新物理教育理论的基础。

三是创新教育理论。陶行知先生曾说过："处处是创造之地，时时是创造之时，人人是创造之人。"创造没有固定的模式，生活中无时无刻不充满着创造的机会。所谓创新能力，就是从现有知识尽可能快地产生出新知识的能力。教育的重要目的就是要发挥孩子自身蕴藏的无限的创造潜能，要千方百计地拓展孩子们自由创造的时间和空间。"每个学生都有才，通过良好的教育和训练，每个学生都能成才、成功，这是教育的本义和真谛。"创新学习必须有创新教师观和学生观。教师是学生发展的助手，学生才是发展的主体。人的主体性只有在活动中才能形成，只有在活动中才能发展。主动参与，有助于学生自觉掌握科学知识和相关的思想方法，获得自我表现的机会和发展的主动权。

四是生本教育理论。国内外众多教育家提出教育应该以学生为本的生本教育理论。郭思乐教授领衔的生本教育实验体系，倡导学生自主探究学习，在课堂教学中采用"先做后学、先会后学、先学后教、不教而教"的教学模式，取得了显著的教学成效。

2. 心理学理论

实验心理学家做过一个关于知识保持（记忆持久性）的实验，结果为：人们一般能记忆自己阅读内容的10%，自己听到内容的20%，自己听到和看到内容的50%，在交流过程中自己所说内容的70%。也就是说，既能听到又能看到，再通过讨论交流用自己的语言表达出来，知识的获取和保持效率将大大提高。如果能让学生再亲自动手操作，则能取得更佳的效果。因此，在教学过程中让学生作为主体直接参与探究，充分发挥学生的主体作用，有利于教学质量的提高，有利于培养学生的主动学习精神和自主学习能力，从而能更好地实现教育教学目的，促进学生全面发展和可持续发展。

3. 自然科学方法论

自然科学的研究过程是以自然现象、科学实验为基础，用科学方法展开研究的过程，研究与实践遵循自然科学方法论的有关原则。

根据前面的分析和对以上理论的研究，我们归纳得出自主创新、自主发展课堂教学程序是"先探究后教学""先学后教，先练后讲，学练前先启发指导，学练后自评他评相结合"。具体的操作步骤是先测试和通过问卷调查学生的水平，帮助学生了解自己的不足。然后，在教学过程中标出《义务教育物理课程标准（2011 年版）》（以下简称《课程标准》）的要求，让学生根据具体的标准和自身情况自设目标，引导学生进行科学探究、自主创新。学生探究、自学完后根据教师的指导学习提示进行他评和自评。整个过程体现了大卫·努南（David Nunan）提出的课堂教学中的五个层面。

人发展的根本的内在动因是人的自我发展、自我实现的需要。马斯洛的需要层次理论指出，人的基本生理需求得到满足之后，就会上升到精神需求的满足，最后达到自我实现。人的发展的外部动因是多种多样的，如遗传、环境因素、社会关系等都会对人的发展产生或大或小的影响。这种发展既要依靠内在因素，也缺少不了外在条件。外在条件（环境和教育）不断给予个体新刺激，提出新要求，引起个体的新需要，当这种新需要与个体已有的身心发展水平或状态不一致时，会导致不平衡，形成一种内部影响，成为发展的动力。因此，个体素质的发展和提高，必须不断地将外界的新刺激或新要求内化为自身的新需要，这样才能有充足的发展动力。新要求有自发性和教育性之分，内化有被动和自主之分。依靠他人强迫的内化比自觉进行内化的效果差得多。因此，人的自主性在人的发展中起重要的作用，是发展的基础，也是我们研究以及实践的理论依据。

要使学生获得自主学习、自主创新能力，就必须引导学生了解自身需要，自设目标，完成目标任务，评估目标完成情况。一方面，应发展学生的自主学习能力，包括知识和策略能力，形成有利于自主学习的外部环境，如获得小组同学的支持，教师充当促进者角色，尽量减少不利于自主学习的传统习惯、课堂评估制度、考试制度的影响，为学生提供选择的机会，以达到学生自身对学习的调控。另一方面，整个学习过程应给予学生充分的选择权，以达到学生对外部控制的相对独立。这样才能满足对学生的自主性判断的两种尺度：一是主观现状，学生能控制自己的内部冲动；二是客观状态，学生相对于外部控制的独立。

综上所述，学生自主探究、自主创新、自主发展教育旨在激发学生的自主意识，增强学生的自主创新能力，培养学生的主体人格，使学生在自主管理、自主探究、自主实践、自主调控、自主创新和自主实现学校素质教育目标的过程中，养成自信、诚信、负责、好学、合作、乐于创新的品质，并在自主发展的同时实现德、智、体、美、劳全面和谐发展。

四、确立模式——创新物理教育的育人模式

主体性发展是个体发展的核心，也是人的全面发展的前提。人的主体性在实践活动中是通过自主性、能动性和创造性等品质表现出来的。主体性教育应充分调动和发展自主性、能动性和创造性。而自主性是主体性的重要内容，自主意识和自主能力是能动性与创造性的动力以及基础，缺乏自主意识则难以调动起主动积极的行为，创造性也无从发挥，缺乏自主能力则无法保证在主动状态下实现创造性的发展。传统教育的最大弊端在于无视学生的主体地位，忽视学生自主性在个体成长中的重要作用，缺乏对学生自主性的尊重、培养和发展，导致学生在成长中心理和行为均处于消极被动的状态，实际上给教育教学质量的提高带来了不良的影响，学生的社会适应性发展也受到阻碍。为此，我们进行教育教学改革，创新教育，创新实施物理教育育人模式，保证了学生的全面自主发展、教师的专业发展和学校教育教学质量的全面提高。

创新物理教育育人模式是指有效教学、自主教育、科学评价三大模式。

(一)实施"激发参与、自主探究"物理课堂有效教学模式

创新实施"激发参与、自主探究"物理课堂有效教学模式，能提高课堂教学的创新教育效率。

中学阶段的自主创新、自主发展教育特指通过学校的各种探究、创新教育教学活动，培养学生的自信、诚信、负责、合作等品质，教育学生学会做人、做事、求知、合作，促进学生自主发展，同时，有效改进教师的教学理念、原则、内容、策略和方式方法。

"激发参与，自主探究"物理课堂有效教学模式具体为：激发参与—主动预习—自主探究—主动汇报—交流评估—总结升华—创新应用。在具体实施过程中，对学生进行自主探究、自我发展意识、自主创新能力和自我行为责任感的培养，特别是注意培养学生主动参与、自主选择的品质，提高学生自主创新、自主发展的品质形成效果，课堂教学就能收到事半功倍的效果。

(二)创建"师生互动、学生自主参与"自主教育模式

以完善课程改革理论为目的创新构建"师生互动、学生自主参与"物理自主教育新模式，教师引导、激发学生自主参与课内外每一项教育活动，师生课堂内外互动交流，实现学生知识自我内化、自我理解、自主运用以及能力自我提升，高效培养学生自主学习能力和创新能力，促进学生持续发展。

"师生互动、学生自主参与"物理自主教育模式具体为：校内激发—自主参与—课堂分享—课外交流—自主提升。教师利用校内物理教育及课前教学活动，设疑激趣，吸引学生自主发现问题，主动参与物理知识探究。课上，学生自主探究，自主汇报学习成果，师生互动交流，学生分享初步学习收获与成功体验。课后，学生自主归纳知识，并及时通过网络联系、咨询教师，自主将知识内化升华，主动解决与物理课堂知识学习相关的生活安全及环境保护问题，努力提升自身的学习和生活质量，自主提高自身的学习观、科学观和世界观。通过师生互动，学生自主参与，自主教育，全面提高自身的整体素质，为后续学会生活、学会发展奠定坚实的基础。

（三）实施"生生互评、师生互评、家校互评"的科学评价模式

在教育活动过程中，注意渗透发展性评价模式，实施"生生互评、师生互评、家校互评"科学评价模式。教师要根据不同的活动内容和活动方式来确定评价内容、评价标准和具体的评价方案。教师可采取多主体评价方法，利用学生本人、学生家长、学生的同伴以及教师和管理者等对活动表现进行评价。学生的自我评价过程可以促使学生对自己的道德行为、学习行为、品格形成过程进行总结、反思，进一步认识自己，以更好地培养学生的独立性、自主性和自我发展、自我成长的能力，特别是培养学生形成正确的道德观和良好的品德。学生对他人的评价可以促使双方学习交流，学生可以更清楚地认识自己的优势和不足，从而更全面地认识自我。这样，利用及时的评价反馈，就能极大地促进学生能力与道德品质的发展，收到良好的教学效果。

在教育教学过程中，特别是在物理教育教学过程中实施创新教育模式，能充分提高学生自主探究、自主创新意识，发展学生的自主创新能力，培养学生形成自信、诚信、负责、合作、好学、乐于创新等品质，帮助学生实现自主发展，并能有效利用当前基础教育课程改革的理念，改善教育教学策略与方法，从而提升学校教育教学水平，同时有效提高教师专业水平，促进师生、学校的共同发展。

五、明晰操作——创新物理教育的操作系统

（一）创新物理教育的课堂教学操作模式

创新物理教育的"激发参与、自主探究"课堂教学是学生在教师的指导下自主地发现问题、探究问题、获得结论的过程。根据自主探究学习的一般规律，我们构建了如下操作模式。

①课前准备"预习案"。预习案可以是提纲，以预习案为引导，以预习提纲为线索，把握自主学习主题，引导学生发现并提出问题，通过师生共同讨论，归纳出探究的主题。

②课中实施"学习案"（校本教材资料）。以学习案为指导，以学习提纲为主线，引导学生体验自主学习过程，领悟学习策略。围绕主题自主探究，并利用相关书籍、图片、实物、实验或网络，配合学习、思考，学生既可以独立自主学习，也可以合作探究学习，在课堂上互相交流，共同评价，互相分享。

③课后形成"复习案"。复习案形式不定，以复习案为成果，以小结自我展示为主体，让学生充分获得学习的愉悦感。学生围绕学习主题展开讨论，教师适时诱导，启发思维，将学习活动引向深入。

④复习展示"汇报案"。通过复习汇报课、"学科周"活动等，强化学习实践，内化自主学习体验。开放课堂，组织有效的课外延伸实践活动，发挥课内外学习的整体效益。

(二)创新物理教育的课堂教学操作要求

1. 主体性要求

新课程提出的"自主"是建构主义的核心理念之一。我们的课堂教学必须坚持以学生主体发展为本的教育理念，教育活动要充分突出学生的主体地位，尊重学生本身内隐、外显的各种权利，充分满足学生自我提升、自我发展的学习需要，最大限度地保证学生思考、交流、实践等过程的时间与空间，实现学生学习的自主求知、自主发现、自主应用过程，这样才能有效促进学生全面自主地发展。具体表现在以下几个方面。

①"愿学"。教师通过各种教学手段，特别是多媒体手段，创设丰富的情境，采用激励性的语言，改变常规授课手段，激发学生的学习兴趣，形成自主学习的心向，这是建立在学生具有内在学习动机基础上的"愿学"。

②"能学"。教师在教学过程中注重认知技能的培养，帮助学生对所

学内容通过归纳、理解、记忆加以反思，激发学生潜在的独立学习能力，这是建立在自我意识发展上的"能学"。

③"会学"。教师在教学过程中适时恰当地对学生进行学法指导，注重学习技能的内化、迁移和运用，这是建立在学生掌握了一定学习策略基础上的"会学"。

④"久学"。教师在教学过程中关注学生意志品质的培养，注重师生评价，强化学习动机，激发学生为突破自己而不断努力的激情，这是建立在意志基础上的"久学"。

2. 差异性要求

自然社会，人与人之间在问题认识、思维发展、发展方式等方面存在差异。尊重学生的个体差异，是教育民主化的必然需要。在教育活动中，我们必须承认教育的差异性，着眼于受教育者的差异性，努力把教师脑海中的"学生适应教师教育"转变为"教师教育适应学生差异"，做到因人施教、人人提高、全面育人。

①目标分层。教育教学目标是教师教学、学生学习的行动指南。只有目标明确、定位恰当，目标的导学、导教、导评功能作用才能彰显。在课堂教学中，不同类型的学校、不同类型的学生，学习起点、学习状态、学习方式、学习习惯等都各有不同，如果教师用统一的目标去要求水平不一、性格不一的学生，就会造成一部分学生"吃不消"，而一部分学生"吃不饱"，只有一部分学生"刚刚好"，部分学生在课堂上就会失去耐心和兴趣。教师所制定的教学目标要满足不同层次学生的发展水平及能力需求，注意引发所有学生的学习兴趣，有意识地调动所有学生参与学习活动，鼓励学生展示自身长处，学会分享，让每个学生体验到学习成功的快乐。通过教学与活动的目标分层，实施分层教学，因材施教，适应学生差异，使每个学生都获得进步，使所有学生共同提高。

②内容分层。学习内容的分层主要是指学生具有自主选择学习内容的权利。教师尽可能将内容分为必学、探究、应用、拓展等层次，尽可能使教学内容引起学生的学习兴趣，触及学生的需要，属于学生自己渴

望需要掌握的内容。

③作业分层。作业是教学目标达成与否的重要体现，是课堂教学效果的直观反映。长期以来，作业布置总是统一要求，缺乏分层，造成后进生"吃不消"、优等生"吃不饱"，用作业评价课堂教学效果的功能就不能准确体现。而真正民主并以学生主体为本的教学，是根据学生的不同层次设计不同要求的作业，如作业难度的分层、作业量的分层、作业形式的分层等，做到学生自主选择作业数量，自主选择作业方法，自主选择作业形式。

3. 互动性要求

互动教学是新课程实施改革的重点，也是自主学习课堂教学过程中最主要的特性。教学活动的互动包括学生与书本互动、学生与学生互动、教师与学生互动。学生与书本的互动，是学生与书本知识的直观对话，是实现学生知识与思维情知融合的知识启蒙的初途；学生与学生的互动，是课堂内外学生为了完成个人或小组团队的学习任务而进行合作、思维性行为互助活动，是实现学生技能与方法智力合一的知识探究的中途；教师与学生的互动，包括课堂内外的互动，是学生课堂探究、知识运用、课后知识创新应用的桥梁，是实现学生知识、能力、情感、精神全面提高的终途。三者合一，缺一不可，交汇运用，从而最终实现知识与技能、过程与方法、情感态度价值观的教学高度统一。

4. 创造性要求

求同存异，鼓励创新，自主学习课堂教学就必须鼓励学生自主创新，这样的课堂才会充满活力。要追求这样的目标效果，创新课堂必不可少，必须在课堂教学中做好以下几个方面。

①建立平等和谐民主的师生关系。在教学过程中，建立允许犯错、鼓励争辩的和谐师生关系十分重要。学生处于平等和谐的氛围中，才能畅所欲言，思维的火花才能自然闪现，知识运用才会"异想天开"，才能激发创新激情。

②培养学生学习的"求异"思维。教学活动过程，做到"求同存异"，培养学生在追寻科学知识规律时思维求"同"，更鼓励学生在追寻知识过程中思维求"异"，寻求探究知识方法、方式的"异"，甚至结论的"异"，并大加表扬。在知识的探讨过程中，教师要善于引导学生敢于发表与别人不同的意见，敢于循着自己的思维方式探寻问题、解决问题，敢于在同学、教师面前展示自己的不同结论，为培养自主创新能力打下基础。

③培养学生善于发现问题的能力。发现问题是提出问题的基础，善于发现和提出问题是培养学生创新能力的基本要素。要善于在教学过程中引导学生学会发现问题，努力提出问题，为下一步猜想、解决问题做好准备。启发学生从不懂根据现象发现问题到掌握发现问题，再到善于发现问题、乐于提出问题、尝试解决问题。引导学生从问题的提出到学会认知，再到学会创造、学会发展。

④鼓励学生大胆猜想，培养创造性思维。猜想过程比掌握知识过程重要，它是人类所有创造性的基点，能培养人超乎一般的创造性。在教育教学过程中，应鼓励学生大胆猜想，猜想知识的来源、现象的起因、实验的结果、规律的获得等，并当场展示，师生共同探讨，共同肯定。在猜想、探讨的过程中，提升学生思维的广度、深度，促进学生创造性思维的发展。

5. 实践性要求

学习的最终目的就是运用，运用所学知识和技能解决实际问题，这就是我们所说的进行实践。新的物理课堂教学，就是要引导学生在物理实践活动中建构知识、掌握技能、发展能力、提升品质。在课堂内外的所有教育活动中，教师要利用所有可用到的活动资源，拓宽学生实践的空间，采取学生接受的方式，引导学生主动参与课程实践活动，综合运用知识解决实际问题，从而培养学生的探究创新意识，促进学生创新能力发展。

①保证充足的实践时间和空间。课堂教学前，必须保证学生有充足的预习时间和活动空间，为课堂实践做好准备；课堂教学中，要提供充

足的用于知识阅读、实验探究、交流评估、练习运用等的时间，保证学生最大限度地动手、动脑参与知识探究及应用实践，共同分享课堂实践成果。

②充分利用校园"学科周"活动，带动实践活动全面开展。通过学校"学科周"等校内外活动，全面开展校园学科实践活动，分享课堂内外的学科实践活动成果，促使学科实践方法内化，实现在提炼成果过程中升华。

③开展科技实践活动，巩固及提升实践活动的育人效果。通过设立校园"科技周"等科技创新实践系列活动，引导学生开发学科和生活资源，密切联系社会信息，学以致用，进行科技创新，拓展知识运用效果，创新性地解决学科学习与生活问题，改变学习和生活环境，巩固校园实践活动的育人效果。

(三)创新物理教育的课堂教学评价标准

创新物理教育的课堂教学评价包括教师教学行为评价、学生学习状态评价，在量化标准中各占50%，创新特色加分10分，满分110分，具体评价标准见表3-1。

表 3-1   物理课堂教学评价表

评价项目		评价内容	权重	等级				得分	备注
				A	B	C	D		
教师教学行为	教学目标	能体现知识与技能、过程与方法、情感态度价值观三维目标体系	4	4	3	2	1		
		符合所教学校学生实际，能体现各层次学生的学习需求，注重培养学生创新能力	4	4	3	2	1		
		对《课程标准》理解到位，能恰当整合利用教材及其他教学资源，内容选取及容量恰当，教学重点突出，难点理解到位	8	7	5	3	1		

续表

评价项目		评价内容	权重	等级				得分	备注
				A	B	C	D		
教师教学行为	教学方法策略	对物理学科相应的课型特征把握准确，课型合理，方法得当	5	5	4	2	1		
		能有效创设问题（实验）情境，运用启发式教学引导学生思考，能激发学生自主学习的热情，调动学生主动学习的积极性	5	5	4	2	1		
		体现以学生为主体、以教师为主导的教学理念，注重方法指导，形成师生、生生互动的教学局面	6	5	4	2	1		
		教学手段运用适当、有效，能激发学生主动学习、自主探究、尝试创新	4	4	3	2	1		
	教学态度	认真严谨，准备充分，不迟到、不拖堂，无废话，效率高	4	4	3	2	1		
		表情亲切自然，语言具有感染力，课堂气氛热烈而融洽	4	4	3	2	1		
		面向全体，能关注各层次学生的学习，能及时鼓励学生的表现，巧妙纠正学生的错误，不挫伤学生的积极性，利用发展性评价效果好	6	5	4	2	1		
学生学习状态	基本表现	无迟到、早退、睡觉、开小差和吵闹现象	4	4	3	2	1		
		注意力集中，积极参与学习活动，且参与面超过80%	5	5	4	2	1		
		学生主动参与评价，课堂气氛热烈，不沉闷，发言积极踊跃，且秩序井然	4	4	3	2	1		
		形成自主学习、合作学习的局面，基本没有弃学者	5	5	4	2	1		

续表

评价项目		评价内容	权重	等级				得分	备注
				A	B	C	D		
学生学习状态	思维状态	能做到眼、耳、手、脑、口并用，人人动脑、动手	4	4	3	2	1		
		与教师配合密切，较好领会教师的意图，积极思考	4	4	3	2	1		
		有充分的思维空间，形成浓郁的讨论氛围	4	4	3	2	1		
		能体现自悟、探究、创新等自主学习的基本特征	4	4	3	2	1		
		拥有良好的学习心情，沉浸于愉快的学习状态	5	5	4	2	1		
	学习效果	达成了预期的教学目标，多数学生能够完成学习任务，不同层次的学生都有收获	5	5	4	2	1		
		学习方法得到一定提升，学习能力得到增强，创新能力得到提高	3	3	2	1	0		
		思想情操得到熏陶，情感态度价值观受到影响	3	3	2	1	0		
创新特色加分		教学有创造性，有鲜明的特色，有自己的风格特点，产生良好的效益，对他人的教学具有启迪、借鉴意义	10	加分					
综合评价								得分	
								等级	

综合评价等级说明：90 分以上为优秀，80～89 分为良好，70～79 分为中等，60～69 分为合格，59 分以下为不合格。

在进行课堂教学中，教师只有根据评价标准，及时进行他评和自评，不断改进，才能提高教育教学效果。

第四章

且行且歌——创新育人践体系

一、践行创新——创新物理教育的教学实践

(一)创新模式——创新物理教育的教学模式

创新物理教育从生本教育理念出发，将传统的灌输教学模式转变为师生互动、学生自主参与的现代教学模式——"激发参与，自主探究"教学模式，即"激发参与—主动预习—自主探究—主动汇报—交流评估—总结升华—创新应用"具体教学实施模式。

教学模式具体为：

①课前，也就是上一节课的最后时间，教师布置下一节课的思考问题和探究实验，学生做好预习，自主探究。

②课堂中段，引导学生继续自主探究，合作学习，主动汇报。学生交流评估，师生及时评价，互相赏识。

③课堂后段，及时总结，将知识升华到用于解决实际问题。

④课后，学生创新性地运用知识解决生活问题。

该模式能使学生在学习过程中自主地提高自身能力，极大地提高学生的创新能力和整体素质，高效提升物理课堂教学效果。

(二)创新方式——创新物理教育的教学方式

物理教学"七步"教学方式：激发参与—主动预习—自主探究—主动汇报—交流评估—总结升华—创新应用。

①课前，教师先布置一些和教学内容有关的有趣问题和实验，引导学生做好相关准备，激发学生课前主动探究，做好预习，为课堂交流做好准备。

②课堂教学过程中，鼓励学生自觉参与探究学习，主动汇报探究成果，教师及时激励。

③学生探究汇报过程中，教师组织学生做好交流，引导学生主动评

估，及时评价，互相赏识，激励学生主动为下一次的课堂汇报交流做好准备。

④课堂的最后 5 分钟，教师根据学生的探究汇报情况及时总结，引导学生将知识升华，并应用到实际解决问题的过程中，为学生以后更主动地参与探究学习、自觉提高能力奠定基础。

⑤课后，要求学生将知识自主应用于解决教材内外的问题，引导学生创新性地运用所学知识解决生活问题，培养学生的创新能力，提高学生的整体素质。

下面是我获奖的一个教学案例实录（节选）。

"电压电阻复习"教学

"电压电阻复习"的教学，要求学生能把所学知识进行梳理、归纳并灵活应用于实际解决问题的过程中，很适合通过课前设疑激趣来激发学生主动归纳、总结知识，在课堂上利用理论知识来探究、解决实际问题，展示探究成果，师生共同赏识，从而提高学生的自学能力，发展学生的自主学习能力，顺利地实现新课程目标。

结合教学内容和现阶段教师所教学生（城乡接合处的普通初中普通班学生）的实际，本节课的教学采用了"问题导学—展示自我—共同赏识"的探究教学模式，是一节普通的复习课。

上课前，教师首先要求学生自己把这部分知识进行归纳、梳理，准备进行课堂探究、讨论的材料，然后让学生自己准备有代表性的题目考查同学，之后，教师和学生一起总结，最后，在余下的几分钟，教师再考查全班同学。由于该班以前的任课教师没运用过这样的教学方法，上课前教师还有点担心：学生能行吗？

结果，上课过程中学生的表现让教师喜出望外：有的学生利用多媒体等将归纳的知识做成课件展示讲解；有的学生利用实验器材进行实验演示；有的学生虽因条件所限无法做课件和实验，但也做了详细的书面归纳并利用实物投影讲解。课堂上，气氛活跃，学生充分讨论、探究，互相考查，一个个都成了课堂上的"教师"、学习的主人，而教师完全成了配角。

(三)创新探究——创新物理教育的探究教学

《课程标准》要求教师在教学过程中充分利用科学探究教学,培养和提高学生的自主学习能力:培养学生主动学习的精神和自主学习的能力,使学生在各种活动中主动参与、主动学习、主动构建、主动创造,主动地、自主地开发自我、发展自我和完善自我,促进学生全面和谐发展,更能使学生步入社会后自己独立补充知识,完全适应社会要求,促进人的可持续发展。为了实现这样的教育教学目的,教师只有正确理解《课程标准》的要求和教材内容的特点,在实际工作中结合自己的教学实际,改革教学方法、教育方式,注意培养学生的科学探究能力,激发学生主动探究,提高学生的自主学习能力,并及时总结,不断调整改进,才能实现新课程目标的要求,促进学生主动发展。具体教学方式遵循"激发参与—主动预习—自主探究—主动汇报—交流评估—总结升华—创新应用"的创新物理探究教学方式。

1. 积极挖掘教材探究内容,激发学生主动探究

兴趣是最好的老师,更是学生进行探究学习的最大动力。既然教材设计、安排了这样多的探究内容,我们就可以把这些内容转化为具体的动手实验,充分利用每个学生感兴趣的探究点,开展实验等科学探究活动,吸引、调动学生主动参与探究。每一个探究点都能激发学生好奇、好思、好想、好问,学生在兴趣的引领下自觉参与探究,自主学习能力就会不断提高。

教师要根据教学内容和学生的认知水平,善于创设适合学生自主学习的环境,尽可能地让所有学生都"动"起来,鼓励学生"奇思异想",让学生自己去认识和发现知识,发展技能。例如,在探究性学习活动中,教师应尽可能地让学生自己发现问题、提出问题、设计实验方案、查找资料、进行实验探索、得出结论等。即使学生的方案、结论不完善或者有错,教师也应该鼓励和引导,不能指责和简单地否定。

①课前探究,吸引兴趣,为实现培养自主探究能力奠定基础。例

如，在进行"蒸发"教学时，我们根据教材内容特点，可以这样设计探究教学来吸引学生参与探究学习。我们确定课题以后，在课前明确提出下列预习任务和目标：

1. 你见过课本第一段描述的现象吗？如果没有，可以在手臂上涂上一些水并在风扇下吹一下，手臂有什么感觉？你能解释是什么道理吗？

2. 物质可以在液态和气态之间相互变化吗？若可以，请举两例或设计一个生活中常见的实验。

3. 什么叫汽化？什么叫液化？请各设计一个实验说明。

4. 汽化有哪两种方式？什么是蒸发？请举例或用实验说明。

5. 请你猜测一下影响蒸发快慢的因素有哪些。请你对你的猜测给予实验证明。

6. 请你反思一下你在验证猜测时是如何设计实验的。你的实验方法是否合理？体现了哪种思想方法？说明理由。

7. 请你举出日常生活或生产中应用影响蒸发快慢的因素改变蒸发快慢的例子。

8. 液体蒸发过程中要吸热还是放热？请举例或设计一个实验说明（可利用温度计、棉花、酒精等设计）。你现在能解释问题1了吗？

9. 请你对前面的八个问题（也就是本节所研究、所学的内容）做一个回顾和总结。

这些任务和目标既是课前预习要准备好的，又是课堂学习时必须完成的。学生课前预习后，课堂上的前5分钟回答或演示，教师选取学生代表把自己的作业用实物投影，进行现场展示。教师逐一点评，及时评价、表扬。这样，就为在课堂教学过程中培养自学能力、自学探索奠定了基础，更激发了学生的求知欲，促使学生主动探究。

②课中探究，培养兴趣，提高自主探究能力。在课前进行常规探究的基础上，可在课堂教学过程中鼓励学生围绕课前探究遇到的问题，抓紧时间互相讨论、共同探究，以保证课前探究的效果得到延续，继续培

养探究兴趣，促进学生自主学习能力的提高。

课堂上，学生进行有关探究实验时经常会遇到这样的苦恼：别人探究的结果正确，能验证自己的猜想，而自己的猜想却无法通过实验验证，怎么办？最好的解决方法是课上交流，共同探究。

在进行"液化"课堂教学时，我就曾提供冷水、温水、热水（保温瓶装沸水）、玻璃杯、玻璃片等，让学生进行探究实验，探究液化现象及其条件。实验过程中，大部分小组的学生都能恰当选择材料用具进行探究，验证自己的猜想，而有一个小组的学生虽然材料用具选择正确，但无论怎么做也做不出水的液化现象实验，也就无法验证自己的猜想是否正确。我鼓励他们和其他小组共同研究，找出问题所在。最后他们发现是自己组的保温瓶不保温了，倒出的是和室温相同的冷水，杯内的水蒸气也就无法在杯口的玻璃片上遇冷液化。找出了问题所在，他们重做实验，得出了正确的结论。通过这样的课堂探究，学生不仅提高了兴趣，更提高了互相学习、共同探究的能力，自主探究的能力也得到了进一步的提高。

③课后探究，巩固兴趣，发展自主探究能力。课堂探究的时间毕竟有限，我们应该鼓励学生充分利用课后时间继续探究。课后探究不仅能长久保持学生的探究兴趣，而且能巩固课堂的教学效果，使学生学习更有成就感，从而更促使学生自觉探究、自主探究，充分发展了学生的自主探究、自主学习能力。

进行"浮力的应用"的教学时，我采取了这样的教学模式：

①提供乒乓球（大小一样的 3 个）、注射器、酒精、浓盐水、蜡烛、透明胶带、剪刀、火柴（或打火机）、透明水槽、水、橡皮泥、牙膏皮（或铝箔）、空塑料眼药水瓶、氢气球、细线、粉笔、弹簧测力计、体积相等的铁块和木块等。学生也可自备其他材料用具。

②按照"导学-讨论""指导-探索""目标-掌握"模式相结合的教学模式——"实验-探究"模式进行教学，先引导学生大胆假设并进行探究实验，收集信息，再得出正确结论，归纳出概念、规律等知识，然后再将

归纳出的知识具体运用，最后，引导学生围绕课堂上掌握的知识继续开展课后探究：利用物体的浮沉条件制作一件实用工具或仪器。

结果，学生的课后探究结果出乎我的意料，有的学生利用小木棍等做成了密度计，有的学生利用小水桶、盐、水等做成了豆芽菜选种器……甚至有一位学生利用潜水艇的原理做出了原始的沉船打捞器模型(图 4-1)。

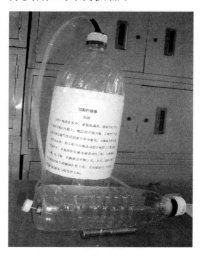

图 4-1　沉船打捞器模型

由于课后探究从学生所学的知识出发，紧密联系生活，学生普遍都很感兴趣，主动参与。学生在这个过程中加深了对所学知识的理解，在理解中进一步运用。在潜移默化的过程中，学生的自主探究、自主学习能力得到了进一步的发展。

2. 利用生活用品和多媒体等资源，创新探究模式

传统的探究只能从实验出发，新课程理念下的探究还可以包括理论应用、推导的广义探究，因此，可充分利用生活用品、多媒体等资源进行探究，创设适合现代教育技术和现代青少年身心发展的探究模式。这样的探究不仅令学生感兴趣，而且可令其探究热情保持得更长久。

教师必须从生本教育理念出发，将传统的探究教学模式转变为师生互动、学生自主参与的现代教学模式，学生在学习过程中自主地提高自身的能力和素质，这样的教学才是最有效的教学。这种教学模式就是：

①课前，教师先布置一些和教学内容有关的有趣问题与实验，引导学生做好相关准备，激发学生课前主动探究，可利用计算机、互联网等设备、资源做好预习，为课堂交流做好准备。

②课堂教学过程中，鼓励学生自觉参与探究学习，主动汇报探究成果，教师及时激励。

③学生探究汇报过程中，教师组织学生做好交流，引导学生主动评估，及时评价，互相赏识，激发学生主动为下一次的课堂汇报交流做好准备。

④课堂的最后5分钟，教师根据学生的探究汇报情况及时总结，引导学生将知识升华，并应用到实际解决问题的过程中，为学生以后更主动地参与探究学习、自觉提高能力奠定基础。

在进行"蒸发"和"宇宙和微观世界"教学时，我就采取这样的探究方法。进行课堂教学前，首先布置有关预习任务，学生自己探究这节课的学习内容，上网搜索，进行社会调查，有条件的还要进行实验探究。学生可将探究结果做成幻灯片等，在课堂上汇报，和同学们交流。结果，学生准备充分，课堂上非常踊跃，不仅争先发言、演示自己的探究成果，而且利用多媒体课件阐明自己的观点以及探究结论。学生的能力在这个过程中得到了充分展示，教学收到了意想不到的效果(图 4-2)。

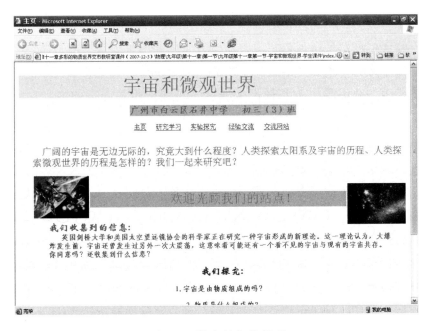

图 4-2　学生制作的网页

　　这种探究模式运用时不能单一，要和传统的实验探究相结合，才会收到更好的探究教学效果。学生在新的探究模式中，自主探究、交流、评价，互相赏识，自主学习能力得到极大的提高。

3. 参与科技创新探究，发展自主创新能力

　　物理学是一门以观察实验为基础的科学，许多物理知识都是通过观察实验，经过认真思索总结出来的。我们身边的许多物品都可以用来做物理探究实验。使用身边随手可得的物品进行实验研究，可以拉近物理与生活的距离，让学生深切感受到科学的真实性，消除科学的神秘感，更可以启发学生利用简单的器材进行小发明、小创造，为培养学生的创新意识和能力提供很好的场地与条件。因此，要引导学生充分利用身边的器材进行实验设计与创新，切实培养学生的实验设计与创新能力。学生参与学校的科技创新探究活动就是一个很好的培养途径，学生在创新探究过程中，不仅感受到了科学探究的乐趣，而且收获了科学创新的快乐，更享受到了获奖成功的喜悦。

　　首先，教师要根据教学内容，引导学生利用身边常见的物品设计并演示简单实验。例如，通过搓手发热来感受摩擦生热，利用气球演示空气的浮力，利用废饮料瓶和水来演示液体的压强随深度的增加而增大等。其次，可以定期开展小制作、小创新、小发明竞赛，充分展示学生的创新作品。最后，组织学生参加学校的科技活动小组，研制出创新作品并参加比赛，争取获奖。

　　我们在教学活动中，就曾经进行了这样的创新探究，引导学校综合实践科技活动小组的同学制作出下面几种创新作品：①温度自动报警器；②防汛水位自动报警器；③风暴报警器。

　　这些创新制作成果在各级青少年科技创新大赛中获奖，更激发了学生参与创新探究的热情。近年来我们的学生年年获市级、省级青少年科技创新大赛奖。我们正是以此来开展活动，充分发展了学生的自主创新能力。在此过程中，学生的实验设计与创新能力不断得到提高。

4. 评价与反思

实践证明，创新物理教育探究教学方式收效明显。这几年，我们选了几个班（与同级其他对比班的基础、起点相同），尝试用此方法进行教学，比较前后的调查数据，发现收效明显。

（1）学生体会深刻

我们在实验班进行了一次交流物理学习体会的主题班会，围绕物理自主探究学习与自主学习能力的培养展开了研讨，学生们发言踊跃，普遍感到物理学习真的教会了他们如何自主探究、自主学习。

（2）学生反映良好

我们在整个年级及时进行了测验以及问卷调查，表 4-1 是其中两个班的调查结果（两个班起点基本一样）。

表 4-1　学生自主探究学习能力培养效果调查统计表

班别	有预习/人	能提出问题/人	能设计实验并验证/人	喜欢学习物理/人	测验成绩（及格）/人
八年级（3）班（实验班）（49 人）	46	22	35	42	42
八年级（4）班（比较班）（48 人）	40	10	17	25	26

从调查数据可知，实验班的学生对这样的教学方法和模式很接受，反映良好，能力和素质有了很大提高。

（3）毕业班成绩突出

进行教学改革的这一届毕业生，成绩从八年级参加全区统考统改时的区公办学校的第 13 名，提升到了全市升学会考时的区公办学校的第 3 名，创造了我校物理科的新纪录；学生参加各类比赛均获奖，排在区同类学校前列。

由此看出，学生的综合能力比未实行创新物理教育探究教学方式时有了很大提高，与起点相同的比较班相比，实验班的学生比以前好学会学了，自主探究能力、自主学习能力明显得到了提高。

只要理解好教材的探究特点，充分利用实验探究、科学探究，改革教学模式，就一定能激发学生主动探究，提高学生的自主探究能力，促进学生全面自主发展。

创新探究教学的科学开展，凸显了物理教学的实验探究特点，使教师的课堂教学充满活力，也拉开了物理教师自主发展的帷幕，为教师的专业发展奠定了良好基础。

(四)创新自学——创新物理教育的自学教学

随着时代的发展、社会的进步，现代社会的教育已经不再停留在传授知识上，而是着重培养人的能力、提高人的素质。要实现这样的目的，教育教学方法就显得十分重要。我们必须改革传统的教学方法和教学模式，积极实施《课程标准》，采用科学而又切合实际的教育教学方法，在教育教学过程中，弘扬人的主体意识，从培养学生的自学能力出发，充分培养、提高学生的自主学习能力，这样才能实现教育目的，促进学生的可持续发展。

培养自学能力是培养自主学习能力的基础，只有培养了学生的自学能力，调动学生学习物理知识的兴趣，学生才会热爱学习、乐于学习、自觉学习、善于学习，才能自主学习。自学能力的培养在学生的自主学习能力培养中起着极其重要的作用，做好了这方面的工作，学生的自主学习能力就能大大提高，教育教学就能收到事半功倍的效果。

我们围绕物理教学中学生自学能力培养的问题进行了多年的研究与实践，并在如何利用自学能力的培养来提高自主学习能力方面进行了大胆尝试，总结出培养学生自学能力的"启发—引导—运用—提高"的有效物理教学方式。

1. 明确自学能力的要义

自学能力是学生通过自己独立学习获得知识和技能的一种能力。它包括独立阅读、独立思考、独立观察、独立实验等能力，是一种综合能力。它的最大特点在于必须通过独立的活动，与物理环境发生相互作用，使自己的行为或行为潜力发生比较持久的变化。

自学能力首先表现在会读书上，对于读物理书而言，表现在能够较快地读懂书中的文字，把握作者的思路和逻辑，抓住某一节或某一段的基本内容和重点部分，从书中获得感知。然后把感知的内容同认知结构中的已有知识经验联系起来，找出新旧知识之间的差异和矛盾，发现问题和提出问题，通过思维加工找出问题的答案，在深入理解的基础上，有意识地去记忆有关的重点内容。自学能力其次表现在会利用参考书和查找资料上，在学习过程中，遇到问题时及时利用有关参考书查找资料，解决问题。自学能力最后表现在会观察和会探究上，通过观察提出问题，把实际发生的物理现象转化为个人的思考任务，主动地观察，在观察中了解更多的物理现象，并通过思考观察中提出的问题，主动探究，获取更多的知识。

自学能力的提高能促进自主学习能力的发展，对自主学习能力的形成起着决定性的作用。随着自学能力的提高，学生的自主学习能力就会逐步得到提高。

2. 培养自学能力的策略

要使培养学生的自学能力收到实效，关键是结合教育内容和教学对象的实际，研究出切合实际的工作方法、教学模式及培养对策。根据现阶段的教育教学实际，采取以探究贯穿教学过程的"问题导向"教学模式作为培养对策，会收到很好的效果。这种模式以"问题（课题）—探索—解答"的探究过程为目标，在研讨的过程中完成教学任务，对培养自学能力、发展自主学习能力很有好处。教学论研究者认为，科学和知识的增长从问题开始，发现问题既是已有知识之果，又是对未来知识的刺激与探究；在追问、探索、解决问题的过程中，可培养学生的自学能力，发展学生的自主学习能力和创新能力，促进个性发展。

其中，托马斯纵深探究模式对我们很有启发。该模式的创建者着眼于问题确立、探索、解决的全过程，提出了发现、提炼、辨析、解答的基本模式。该模式以特定问题的纵向探究、解答为取向，层层推进，在不同阶段培养学生的不同能力，如对问题的分析能力，搜集、综合信息资料的能力，归纳-演绎的推理能力，自我监控、自我评价能力等。在探究过程中，不断向学生提出新的任务、新的挑战，铸就高素质的人才。我们在实际教育教学过程中充分借鉴这种模式，在托马斯纵深探究模式基础上，尝试采用培养自学能力、发展自主学习能力的教学方法和新的"问题导向"模式，即"启发—引导—运用—提高"的教学模式。

3. 提高自学能力的具体操作方法

(1)启发学生做好课前预习，培养自学探索的习惯

要培养自学能力，形成自学探索的习惯是关键。要想在课堂上完成自学探究，达到能与同伴和教师进行实质性交流与探讨的层次，并进一步完成课堂探讨、尝试实践、运用提高等环节(这在一堂课的时间内根本不可能完成)，教师应该在课前确定教学内容以及课题的问题，把它明确交代给学生，启发、引导学生做好课前预习，并使之形成习惯。要想课前预习收到实效，必须做好以下几点：

①指导学生认真阅读教材，做好课前预习、自学探索的最基本环节。课前预习、自学探索的目的不仅仅是了解教学内容，找出课题问题答案，得到研究结果，还是为了在课堂学习和以后的学习中体验探索过程、掌握研究方法奠定基础，这就需要教材为我们提供相应的指导。因此，认真阅读教材是课前预习的最基本环节。我们可以从三个层次来展开：第一，了解性阅读，即通过阅读教材，了解所学知识的总体结构；第二，针对性阅读，即对照自学探索的目标提纲，展开针对性的阅读；第三，总结与反思性阅读，即完成目标提纲后再进行总结与反思性阅读。

②提供清楚、明确的目标和任务。课前预习、自学探索是一种比较开放的教学方式，而过于开放的教学时效性太差。为了让学生有针对性地开展课前预习、自学探索，必须给学生提出明确的任务和目标，并力求使任务和目标具有下列特征：层次性、激励与挑战性、可操作性、方

法和意义上的启发性。例如，在"流体压强与流速的关系"这一课题的教学中，我们在确定课题以后，明确向学生提出下列任务和目标：

1. 请同学们课前每人叠一只纸飞机，为课前 2 分钟飞行纸飞机比赛做好准备，看哪一位同学能将纸飞机飞得最远，并尝试解释飞得最远的原因。

2. 什么是流体？请举例说明。

3. 流体的压强跟什么有关？你的猜想是什么？请你设计一个实验，演示、验证并说明你的猜想，和同学们一起分享你的探究成果。

4. 请你反思一下你在验证自己的猜测时是如何设计实验的。你的实验方法是否合理？体现了哪种思想方法？同时说明理由。

5. 请你举出日常生活或生产中"流体压强与流速的关系"应用的实际例子，设计简单实验加以演示并解释。

6. 小结本节课所学内容，收集"流体压强与流速的关系"的有关考题资料，并将你收集的资料带到课堂上考查同学。

7. 你现在能解释问题 1 了吧？请你本节课后自己再设计、制作一只纸飞机，下节课再进行飞行比赛，看谁的纸飞机飞得最远。请说明制作及飞行原理。

8. 这节课你学到了一种什么学习方法？请在课堂结束前一刻和同学、教师一起分享。

这些任务和目标既是学生课前预习要准备好的，又是学生课堂学习时必须完成的。这样，就为在课堂教学过程中培养学生自学能力、引导学生自学探索奠定了基础，更激发了学生的求知欲，促使学生自觉探究。

③给学生充分的课余自学探索时间。现在课时的安排可给予学生充分的课余探索时间。

④及时检查学生的预习情况和自学探索结果，充分利用发展性评价进行表扬鼓励，使学生持之以恒，自觉形成习惯。

(2)引导学生根据课前预习提出的研究问题和任务收集信息资料

在课前预习的基础上，学生要想完成教师布置的研究问题和相应的任务，就必须积极查找、收集有关的信息和资料，为进行问题研究和完成任务做好准备。这是重要的一步，教学过程中一定要启发、引导学生做好这项工作。因为有时候和某个知识点有联系的信息和资料很多，学生不知道从哪里查起，也就无从收集，特别是刚开始时更无从入手。我们就要在课前预习的时候，启发学生将提出的问题分解为若干组成部分，专门查找预习问题中提到、教材内容讲到而完成研究任务又要用到的以前学习过的信息和资料，引导学生予以分类、归纳、综合，并用它解决或回答所提出的问题和完成所提出的任务。在此过程中，我们同时要求学生自己检验所收集信息和资料的价值，从而更好地指导今后的研究以及学习。这项工作，课前主要完成的是收集、分类、归纳、综合并自己尝试解决问题的过程，课堂上主要完成的是解决或回答提出的问题和任务。这一步能否收到效果，关键是启发、引导是否到位，一定要引导恰当，并且要激发学生兴趣。

例如，我们进行"浮力产生的原因"教学时，可引导学生查找、收集液体压强的有关信息和资料，并进行整理、分析、归纳，找出与本节教学内容有关的信息。然后，启发学生计算这样一道题：如图 4-3 所示，一只烧杯装有水，里面放有一个边长为 10 cm 的正方体，正方体的上表面距离水面 10 cm，求：①正方体的上、下表面受到水的压强、压力分别多大？方向如何？②上、下表面受到水的压力差多大？方向如

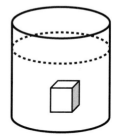

图 4-3　浸没在水中的正方体

何？与浮力有何关系？最后，要求学生利用压强计等器材设计一个实验，定性验证计算题的结果。这样，就激起学生的研究兴趣，解决了课题研究提出的问题，为课堂上解决浮力产生原因这一问题打下了良好的基础。

(3)运用信息资料和有关知识尝试实践、解决问题

在启发学生做好预习和自学探讨，并根据收集到的信息资料做好解

决问题的实验设计的基础上，引导学生大胆运用准备好的材料进行实践，在课堂上探讨问题，发表自己的看法，陈述自己的结论。这样，学生才能完成教师提出的研究问题和任务，才能真正掌握知识，实现培养自学能力、发展自主学习能力的最终目的。这一步是该模式中最重要的一步，教学中一定要结合教学内容和学生的实际设计好。首先，调查好学生课前预习的情况、为解决研究问题而设计的实验及课前实践的情况；其次，组织学生运用准备好的材料进行探讨及实践，主要包括学生典型发言、实验演示或学生实验、学生间的交流，以及师生间的专题讨论；最后，鼓励学生大胆发言，积极探讨，运用有关知识进行实践，从而得出正确结论。

例如，"蒸发"的教学中，在检查学生预习情况后，教师在课堂上鼓励学生大胆发言、相互讨论，并及时根据设计演示或完成自己的探究实验，验证同时说明自己所得结论的正确性，从引入课题到展开研究主要问题，一步一步引导学生在实践和探索中知道、理解汽化、液化特别是蒸发等概念及其现象、特点。然后，请几位学生依次发表自己对影响蒸发快慢因素的猜想、看法，并演示自己证明猜想的实验，说明自己的看法和研究结论，教师启发、引导所有学生对他们的猜想及实验结论进行分析，从而找出影响液体蒸发快慢的真正因素，得出正确结论。最后，教师向学生提供温度计、酒精、棉花等，要求学生运用知识、材料并结合自己的设想进行实验，引导学生分析、讨论、研究、归纳，从而得到液体蒸发需要吸热、蒸发有致冷作用的正确结论。这样，在猜想、研究、讨论、运用知识解决问题、实践的过程中，不仅解决了本节内容所需探索、研究的全部问题，而且使学生的能力得到了很好的锻炼和很大的提高，教育教学收到良好效果。

此过程不但很好地体现了知识的探索与发展过程，而且很好地渗透了科学研究的方法，特别是要求学生运用知识自己设计实验方案，获取研究的材料和实验事实，这非常有意义。我们不能总把现成的实验、现成的事实、现成的研究材料和现成的研究方法展示给学生。因为，事实上，一个人如果要想具有探索和解决问题的真正能力、自主学习的能力，如何有目的地获得实验事实和研究素材恰恰是最主要和最关键的。只有懂得灵活运用知识解决问题，才能真正自主学习。

(4)提高学生的综合能力和整体素质

"实践—理论—实践"是人们认识客观事物的基本模式。因此，在前阶段分析、归纳、总结得出结论后，再加以灵活运用，以之解决问题，融会贯通，这必不可少。通过学生自己动手实验、实践来解决实际问题，既符合人们认识客观事物的基本规律，也符合当今以实践能力为核心的素质教育的要求。只有引导学生将自己得到的结论升华，运用它解决实际问题，在解决问题中培养、发展综合能力，才能提高学生的整体素质，真正实现培养学生自主学习能力的目的。实施过程中必须根据前三步的进展情况和效果，做出准确的评估和诊断，及时补救，再进行知识升华、能力提高。

①有针对性的研究及习题训练提高。根据在评估和诊断过程中发现的问题，有针对性地引导学生进行重点研究及训练，启发学生找出原因，重新开始探索、补救，解决存在的问题，从而得出所探究问题的正确结论，提高分析、解决问题的能力，实现最终目的。形式主要是围绕存在的问题进行有针对性的实验研究及习题训练。启发、引导学生利用教师提供的材料重新设计实验并加以实施，同时，精选好能力训练的载体——典型例题、习题进行练习，双方面结合，得出正确结论，再运用到能力要求更高的练习中去。习题编制在形式上着重于一题多问、逐渐递进的变式训练方式，结合实际设计一些较基础而又能提高能力的习题，从基础题到发展题，进行针对性训练，逐步提高能力要求，并力求对学生的思维过程进行透视，着重利用发展题加强能力训练，发展综合素质。

②思辨形式的思考性训练提高。利用此过程，引导学生对所学的知识进行整理和再认知，促使学生将所学的知识内化为自身的知识结构。例如，学习了阿基米德原理后，我们可以布置如下思考题：

1. 同一个物体，浸没在水中不同深度的地方时，受到液体的压强、压力随着改变，那么，我们能否认为同一个物体浸没在同一种液体中，所受到的浮力随深度改变而改变？

2. 如图 4-4 所示，体积相同的不同材料做成的长方体 A、B，浸没在圆筒内同一种液体的不同深度处，它们上、下表面受到液体的压力差相等吗？

3. 你能用阿基米德原理和浮力产生的原因来解释上述两题吗？如果在上述两题中，物体都没有浸没，答案又如何？可用实验验证说明。

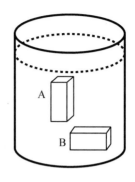

图 4-4　浸没在液体中的 A、B

此法可大大提高学生的思维能力，更加深了学生对知识的理解，学生的自学能力有了进一步的提高。

③动手实验的应用性训练提高。只有把学到的知识运用到实际中去，以之解决实际问题，特别是结合应用性实验进行动手实验解决问题，才能极大地提高学生的学习兴趣和自学能力，使之形成习惯，才能提高学生的自主学习能力。理论联系实际，在实践中运用理论、理解理论、发展理论，是提高能力素质的重要途径。实践的关键是动手实验解决问题，因此，我们必须充分利用实验进行应用性训练。例如，学习了欧姆定律和串联、并联电路的知识以后，可以要求学生只用电压表或电流表一只（不能同时用）、已知阻值的电阻（或电阻箱）一个、开关一个、电源一个、导线若干，只连接一次电路，测出一个小灯泡的实际功率；学习了浮力的知识后，可要求学生自制密度计，测量、比较不同液体的密度；等等。只要我们对相关的教学内容做好挖掘，就能提出一些既有实际研究价值，又对所学知识有高度针对性的问题来供学生动手实验。对这些问题的研究既能提高学生的实践能力，又能加深学生对所学知识的理解与掌握，从而真正提高了学生分析、解决问题的能力，使学生更有钻研兴趣，能够自觉钻研，大大提高自主学习能力。

4. 评价与反思

实践证明，创新物理教育的自学教学方式收效明显，说明这种新的"问题导向"模式和教学方法行之有效，是实施《课程标准》，培养学生自主创新能力的好方法。

这几年，我选了自己所接手教的班级（与同年级其他对比班的基础、起点相同），以此模式进行教学，从研究前后的调查数据（表4-2）可以看出收效明显。与其他没有使用此模式的相同水平的班级比较，这些班的学生各方面的能力都得到了提高，不仅考试成绩高于其他班，而且素质也强于其他班，学生的综合能力比未使用此模式时有了很大提高。与起点相同的比较班相比，实验班的学生比以前好学会学了，自主学习能力明显得到了提高，从我接手前与区平均分相差6～10分，进步到我接手一年后超出区平均分6～10分（全区统考密封统改），提高最明显的一个班超出区平均分16分多，学生参加升学会考的成绩不仅超过区、市的平均分，而且年年排在区及镇同类学校的前列。我所接手的班级的学生低分进来高分离开，全面提高了素质。1999届其中一位叫牛贵耀的学生从我接手前的20分升至九年级会考时的88分。不少学生从"低分户"（总分10分以下）变成"中分户""潜能生"，完全消灭了"低分户"。强力"潜能生"参加区、市、省、全国的初中物理知识竞赛取得好成绩，学生每年参赛都获奖，获全国二等奖一个、省一等奖一个、省三等奖一个，区、市奖更多，共27人次。特别是2000年4月，九年级（1）班的李毅同学参加第十届全国初中物理知识竞赛荣获全国二等奖、广东省一等奖，以优异的成绩名列全区第一名。

从我校近几年参加区统考和市会考的成绩也可以看出这一点（表4-2）。

八年级物理第二学期区统考，2001学年以前，几乎从未超过区平均分；2002学年，进行了课题研究后成绩全面提高：区平均分64.7，本校平均分71.5，超过了区平均分6.8分，进步明显，其中两个实验班（这两个班的基础和起点与同级的其他班相同）更考出了平均分80.2

分[八年级(1)班]和 76.6 分[八年级(3)班]的成绩，学生的能力和素质都有了较大的提高。

表 4-2　九年级期末参加市毕业会考物理成绩比较表

学年	全区平均/分	石井中学/分	对比
2001	503.3	475.2	-28.1
2002*	513.0	500.4	-12.6
2003*	52.0	54.3	2.3
2004*	59.3	60.4	1.1

*代表毕业会考物理成绩超过市平均分。

2005 年期末考，两个实验班(与其他班起点相同)分别考出了 62.9 分和 62.6 分，排在年级前列，全年级平均分 55.4 分。

运用创新物理教育的自学教学方式实践后，成绩全面提高，学生自主学习的能力有了极大提高，学生的能力和素质得到全面发展。

实施新的"问题导向"模式——"启发—引导—运用—提高"教学模式后，由于模式本身的要求，学生不得不做好自主学习、探究的工作。随着时间的推移，学生慢慢地从不习惯到习惯，再从习惯转变为有意识的自觉行为，并最终认识到自身在学习中的主体作用。

实行了这种模式后，学生学到的不仅是知识，更重要的是培养了自学能力，提高了自主学习能力，提高了自身素质，实现了《课程标准》的思想，收到了更好的效果。

创新自学教学实践的逐步深入，更激发了我自主改革物理教学的勇气，学生自学能力的逐步提高和教学效果的提升，更坚定了我创新物理教育模式和方式的信心。自学教学实践的成功为我的教师专业自主发展铺平了道路，教育教学水平明显提升，课堂教学充满活力，学生自觉参与课堂学习，我的课堂教学也从无人知晓到校、区闻名，形成特色。

（五）创新研究——创新物理教育的小课题研究教学

开展实验探究教学，激发学生主动参与实验研究，引导学生自主创新发展。也就是在物理教学过程中，充分利用物理教学中的实验教学特点，激发学生主动开展实验探究活动，探究与学习内容有关的生活现象、物理现象，进行有关实验研究，培养学生科学探究能力，促进学生积极参与创新，解决生活中的实际问题。

根据实验探究教学课程的实践目标，结合学校的教学实际以及学生的具体情况，在物理教学中我积极进行了教学改革，全面实施实验探究教学，特别是以开展物理小实验课题的研究教学为契机，激发学生自主参与实验探究、小实验课题研究，鼓励学生自主参与科技创新活动。教学改革初见成效，创新活动成果丰硕。

物理课题研究的具体教学方式就是：首先，按照国家《课程标准》和上级教育部门所规定的教材要求，开展实验探究活动课程，开展切合学生实际的小课题研究；其次，结合各位教师的自身学科优势，设计与自己原先所教学科教学特点相结合的科技创新教学校本课程，创新性地实施课程，从而培养学生的小组合作探究学习能力，使学生初步掌握自主探索、自主创新实验的基本要领与做法；最后，鼓励学生学以致用，开展创新实验课题研究，积极参加科技创新活动，通过参加科技创新活动展示自己的能力和水平，从而全面提高整体能力和素质。

1. 根据《课程标准》要求，抓好基础实验探究教学

无论哪个版本的初中物理教材，都是根据《课程标准》要求设计的，它们的共同特点就是设计了大量的探究实验，通过探究实验教学，引导学生学会探究学习，自主开展实验研究，动手动脑学好物理，提高自身素质。

我们在实际教学中，首先要做的就是：结合初中物理教材的内容设计特点，启发学生做好教材的探究实验，根据教材内容，开展基础实验探究教学，培养学生的基本实验技能，初步掌握实验研究的方法。

　　兴趣是最好的老师，我们可以利用教材上精彩纷呈的生活例子、实验例子开展实验探究，引导学生自发提出问题、进行猜想、设计实验并进行具体实验操作，逐步掌握实验研究的基本方法。教学中，我进行这样实际操作的例子不少。例如，我在进行"液体压强"教学时就运用了"发现问题—大胆猜想—设计实验—进行实验—具体观察—收集证（数）据—分析论证—评估交流—得出结论"的方式来开展实验探究教学，进行探究液体内部压强特点的小实验课题研究。具体教学过程为：

　　①从生活现象发现问题，激发学生的探究欲望。首先，让学生观察现象：开有侧孔的水桶，倒进水后，孔离容器底的高度越低，水喷得越远。提问：这是为什么呢？这说明了液体内部压强有什么特点？

　　②学生自己尝试，初步实验。其次，启发学生利用实验室探究液体压强的实验材料用具（带三个不同高度侧孔的透明塑料圆水桶、大圆水桶、长直尺、卷尺、水、白纸、笔等）设计实验，进行了以下基础实验研究：将水倒进塑料圆水桶后观察、测量不同孔距水面的深度，水喷射的距离。得出初步结果：距离水面越远的小孔，喷的水越远。

　　③精确探究，得出结论。最后，利用压强计进行精确实验探究，分析论证后得出结论：同种液体，液体内部的压强随深度的增加而增大，深度越大，液体的压强越大。

　　这样的实验既有趣，又简单，易于操作，学生乐于探究，在不知不觉中就懂得了实验探究的基本方法，为学生掌握实验小课题研究的基本方法打下了基础。

2. 设计实验教学校本教材，引导学生开展创新实验研究

　　规定教材中的实验内容虽然有趣、科学，但有时候材料用具不好找，在生活中全体学生进行探究时，不方便、不够科学。一是实验器材不足，不能全面展开；二是有时脱离学生生活实际，学生参与欲望不强。为了解决这些问题，我们想到了设计校本教材，拓展实验探究教学校本课程教学内容，引导学生主动参与创新实验研究，全面提高学生的参与度，让学生逐步掌握实验小课题研究的基本方法。

　　在进行"液体压强"的教学时，我们设计了校本教材，鼓励学生在进行课堂探究的基础上，利用生活中的材料用具进行进一步的实验探究，甚至可以结合生活现象进行物理小课题研究，巩固课堂实验探究效果，拓展自己的研究能力。

　　我们进行了这样的教材设计：请你利用日常生活的用品，创新设计实验，探究液体内部的压强特点，并完成实验小课题研究报告。最终，学生的研究结果让我惊喜。学生的小课题研究报告(部分选载)如下。

实验：探究液体压强的特点

研究成员：谢嘉颖、柯明欣、沈迪朗

1. 利用矿泉水瓶等材料用具进行了以下创新实验研究。

	自备材料用具实验
材料用具	已扎有四个不同高度侧孔的透明矿泉水瓶、水桶、长直尺、水、白纸、笔、剪刀等
过程	将水倒进矿泉水瓶后观察、测量不同孔距水面的深度以及水喷射的距离
实验现象及过程图片	 探究液体压强的特点实验过程

70

2. 数据记录及结果。

孔编号	孔的深度/cm	水喷射的距离/cm	水的压强/Pa
1	7.5	0.2	735
2	10.5	5.2	1029
3	14.5	10.3	1421
4	17.5	12.9	1715

3. 结论：同种液体，液体内部的压强随深度的增加而增大，深度越大，液体的压强越大，受力面积一定时，液体对侧孔的压力也越大。

设计了这样的校本实验探究教材，学生的参与积极性大大增强了，实验自主探究能力明显提高，还学会了创新设计实验，初步懂得了如何开展小实验课题的研究，学生的创新实验能力逐步得到了提高。

3. 开展科技创新活动，全面提高学生自主创新素质

鼓励学生进行创新实验课题研究，自主参与科技探究、科技创新活动，提交科技小制作、小发明活动成果，发明出有实际应用价值的科技作品，应用于生活，从而培养学生的科学素养，全面提高学生的自主创新能力和素质。

有前面两点作为基础，教学中使用规定教材和开发校本课程教材得当，学生的创新意识和素质得到了提高，这就为学生开展自主实验、自主创新打下了良好的基础。因此，我们在教育教学中大力开展科技创新活动，全面鼓励学生大胆开展科技调查和科技发明创新，及时汇报、展示自己的创新成果，参赛并申报国家发明专利，以点带面，从而全面提高学生的自主创新素质。

(1)在活动过程中培养学生的创新能力

我们在活动过程中注意面向全体学生，面向学生完整的学习和生活领域，采用课题调查、课题研究、实验创新设计、生活用品创新设计等活动形式，利用课内课外各种途径，在教师的指导下，创设情境，引导

71

学生主动参与实践调查、具体研究，通过自主参与、质疑研究、实践体验，学生在学习方法、知识能力、情感态度与价值观等方面都获得了可持续性发展，从而培养了学生的科学创新能力，促进了全体学生创新能力的全面提高。

例如，我们在进行八年级的实践活动课堂教学时，结合八年级物理的教学实际，开设了"寻找校园噪声来源"的实践活动课程。教师首先利用活动方案设计课引导学生围绕课题自行设计小组活动方案，其次利用活动方法指导课启发学生做好详细调查，再利用成果展示汇报课让学生充分展示自己的研究成果，最后利用知识拓展普及课将研究成果应用于实际，解决了校园噪声影响教师教学、学生学习的问题，再延伸到解决校园周边和学生自己居住地周边噪声污染的问题上来。在这些活动过程中，学生的创新能力得到了极大提高。

(2)在知识运用过程中提高学生的创新素质

将在物理课堂上学到的知识运用于实际，发明制作作品，创新性地解决实际问题，这是实施新课程教学的最好效果。学生在这样的学习过程中才会收获成功，才会学会自主学习、自主发展，学生创新素质的提高才会水到渠成。

例如，我们在进行"液体压强"等教学后，鼓励学生积极进行课外调查和创新研究，进行了"液体压强对挡土墙的危害及其预防研究"，继续完善了课堂内外的两个实验，做了第三个创新实验，得出学生活动报告。

学生活动报告节选如下。

液体压强过大，挡土墙倒塌实验

1. 为了探究大雨后排水口堵塞的挡土墙倒塌的根本原因，我们请老师帮忙，继续做了一项危险实验。

我们学校刚好在建新教学大楼，在临时围墙被拆掉前，我们在校园里找了一段临时建好的新围墙，进行了挡土墙能承受的最大压强、压力实验：用大货车运来足量的沙子堆放在围墙旁边，侧面压紧围墙，再往沙子里面洒足量的水，观察、测量围墙坍塌时沙子堆放的高度、围墙高度、围墙宽度、水的喷洒数量(质量)、围墙坍塌情况，然后进行数据统计以及原理分析，得出结论。

2. 现象：靠墙堆放 20 t 干沙时，墙没倒；在沙堆灌洒水后，由于墙壁没有出水口，灌到一定程度，挡土墙就倒塌了。

3. 结论：如果沙子里灌满水而又无法排出，水的压强就不仅仅是 4 倍了，而是会更大，这么大的压强产生的效果足以把挡土墙压塌。

因此，我们为了防止挡土墙被水压塌，一定要做好斜坡(挡土墙)的排水设施，多开排水孔，排水孔要通畅。这样，挡土墙被雨水压塌的概率就会大大降低。

在运用知识进行"液体压强对挡土墙的危害及其预防研究"的过程中，学生不仅学会了调查研究的方法，更学会了创新制作、创新发明，发明制作出的作品获得了第 28 届广州市青少年科技创新大赛金奖，学生的创新素质得到了极大提高。

(3)在参加科技竞赛过程中全面发展学生的创新能力

在开展好实验课题研究的基础上，我们利用物理学科活动的成果，鼓励学生选择自己最满意的创新研究题目，继续研究、创新，将最后成果上交，参加学校、区、市、省、国家等举办的青少年科技创新大赛等科技创新比赛，展示自己的创新成果，更进一步提高自己的创新能力和素质。

物理学科教学中，学生学习的内容很多与科技创新息息相关，可以根据学科教学内容开展创新选择。例如，初中物理学科学习，学生接触最多的是电学知识，我就在学生学习到这部分知识的时候鼓励学生积极创新，制作出电路创新作品，参加科技创新比赛，在区、市、省青少年科技竞赛中获得了多项奖励，从而激发了更多学生参与创新探究。

九年级(1)班的李美波同学在学习了声现象后，就向我提出了这样的问题：如何让聋哑人听到声音？我说老师还没有想到好的方法，你可以自己去调查研究。她想到了就去做，通过大量的调查研究与创新实践，终于找到了解决的方法，创新研究作品"如何在无声世界中'看'到声音"获得了区、市、省青少年科技创新大赛奖。

学生的创新能力是无限的，只要我们善于挖掘，善于启发，学生就能想出别人不能想象，做出别人不能做出的研究与发明，实现自我创新。这几年我的学生年年获得市级、省级青少年科技创新大赛大奖，荣获市科技大赛最高奖——市长奖，获得五项国家实用发明专利，就是很好的证明。在这个过程中，学生的创新能力有了极大提高。

4. 评价与反思

我们感到，利用实验课题研究教学改变了传统教学只注重知识传授，强调接受式学习、死记硬背、机械训练的现状，学生实现了主动参与，乐于探究，勤于动手。学生从兴趣出发，围绕生活中遇到的物理现象，主动进行实验研究，培养了实验动手能力、收集和处理信息的能力、获取新知识的能力、分析和解决问题的能力以及交流合作的能力，促进了自主发展和可持续发展。

学生学会了实验探究，学会了课题研究，更学会了创新。实验探究—小课题研究—发明创新—参赛获奖—申请专利。开展学生创新实验课题研究成果让我们惊喜，更让我们尝到了实验研究育人、科学创新育人的成功。一批又一批学生的成功，证明我们以实验课题研究活动来推动学生自主发展的做法是正确而科学的，它带来的不仅仅是学生学业成绩的提高，还有学生创新能力质的飞跃。实验小课题研究教学是提高物理教学效果的好方法。

(六)创新复习——创新物理教育的复习教学

帮助学生对学过的物理知识进行复习，是物理教学中一项十分重要的工作，也是物理教学的一个重要环节。要提高物理复习的教学效果，实现复习目的，就必须明确复习的目的和意义，采取科学而又切合学生实际的复习方法、教学模式，才能提高效率，实现教育目的。创新物理教育的复习教学采用的原理及具体操作方式如下。

1. 明确复习的目的、意义

要完成物理知识的复习任务，做好物理知识的复习工作，就必须明确复习的目的和意义，这样才能顺利开展复习的教学工作，为提高复习效果奠定基础。

我们知道，学生在认识和熟记知识的时候，遗忘也就同时开始了。所以不仅必须复习，还应及时复习。复习的主要目的就在于巩固和加深理解所学的知识，保证记住基本内容，在需要时得以重新构思和再现。

复习不是简单地再现过去的内容，也不是为了防止遗忘，复习可以更深一步揭示学生先前未注意到的事物或概念之间的联系，从而使学生对已熟悉的事物或概念理解得更加全面、深刻，更加深入事物的本质，从而获得更加简明扼要、更加巩固可靠的结论，达到"温故而知新"，促进学生创造能力的发展。

概括而系统的复习，能使学生对已学过的一定范围的物质运动的多样性与统一性、现象之间的联系和制约关系，以及个别与普遍规律之间的关系获得较深刻的认识。因此，复习有助于学生形成辩证唯物主义思想。复习的教育意义是，教师的指导和启发可培养学生概括和整理知识的能力，发展学生的记忆能力，培养学生学习物理的自觉性和主动性，培养、提高学生分析问题、解决问题的能力，发展学生的创新、创造能力，提高学生的素质。

2. 正确运用科学而又切合学生实际的复习方法、教学模式，提高复习效果

在物理教学中，最后阶段的总复习是十分重要的，学生掌握知识是否牢固，能力能否得到加强和提高，能否真正理解所学的知识并灵活运用，关键在于总复习。如果总复习处理得好，能把以前学过的知识梳理好，帮助学生理解透知识，学生就能和教师积极配合运用知识，学生就能掌握好所学的知识，教师就能收到良好的教学效果。

要将初中物理总复习做好，收到良好的复习效果，就必须采取科学

而又切合所教学生实际的复习方法。我们知道中学物理教学模式有很多种，主要有：①导学-讨论模式，即在教师的指导下，学生通过自学、相互讨论等方式积极主动地学习的一种教学模式；②指导-探索模式，即在教师的指导下，学生运用学过的物理知识，针对研究课题提出假设，设计实验方案，验证假设，归纳出物理规律或抽象出物理概念，从而获取知识、发展能力的一种教学模式；③目标-掌握模式，即根据中学物理教学大纲的要求，制定出具体的教学目标，并以此目标为导向，综合运用各种教学方法，实施教学，并借助教学评价获得教学情况的反馈信息，进行矫正达标的一种教学模式；④图表-竞赛模式，即借助于纲要信号图表帮助学生把握知识的整体，通过竞赛巩固所学物理知识和实验技能、发展能力的一种"愉快教学"模式。任何一种教学模式都是针对一定的教学目标设计的，有较强的个性，有其长处，也存在不足，正如任何一种食品都有营养价值，但又不可能包含全部营养一样，我们不能指望用一种教学模式来包打天下。因此，中学物理教学实践客观上也需要不同的教学模式相互补充、相互借鉴，发挥各自的长处，更好地提高教育教学质量。结合本人所任教的学校是一所生源一般的普通初级中学的实际情况，我设计了一种上面四种模式相结合的复习教学模式，即"启发—引导—分析—归纳—记忆—运用—提高"的复习教学模式。

初中物理知识的总复习应针对现在所教学生的实际，采用"启发—引导—分析—归纳—记忆—运用—提高"的复习模式，才会收到很好的效果，也就是：首先启发学生将学过的知识进行详细分析并系统地归纳、划分，然后引导学生理解并牢记物理概念、定律、公式等理论知识，最后将所记忆和理解的知识加以运用，在运用中加深理解，在理解中灵活运用，逐步培养和提高分析、解决问题的能力，就能够将所学的知识理解深、理解透，不断培养学生的创造能力，提高学生的素质，收到很好的复习效果，实现教育教学目的。

（1）模式的理论依据

①我国传统的启发式教学思想。在两千多年前，我国古代大教育家

孔子就提出了"不愤不启，不悱不发"的著名教学原则。后来，《礼记·学记》对启发式教学又有了进一步的发展，提出"道而弗牵，强而弗抑，开而弗达"的教学原则。也就是说，教师要引导学生自觉地学习，而不是牵着他们被动地"走"，要积极地鼓舞、激励他们，而不是强加逼迫，要启发他们独立思考，而不应立即把结论告诉学生。这些极为精辟的教学思想，至今仍对我们中学物理教学有重要的指导意义，它要求我们在教学中一定要做好学生的启发引导工作。

②心理学依据。心理学认为初中学生的思维处于从具体形象思维向抽象逻辑思维过渡的阶段，在他们的思维活动中有具体思维的成分，也有抽象逻辑思维的成分，但抽象逻辑思维开始逐渐占据优势地位。初中学生已经能掌握一些基本的抽象概念，能较好地根据事物的本质特征和内在联系进行恰当的判断，并做出必要的说明和论证。他们的推理能力也在不断发展，已能根据几个前提推出合乎逻辑的结论。他们对事物间的因果关系的理解逐渐加深，不仅能从原因推出结果，也能从结果找到原因，并且还能从许多原因中分出主要的、次要的原因，能够从一般的原则、原理出发，运用理论分析和综合事实材料，从事物的对立统一中进行合乎逻辑的推理。初中学生的这些心理发展特点表明，他们初步具备了分析、归纳、运用的能力，这就为我们实施、分析、归纳运用的教学方法奠定了基础。

③布卢姆关于"先决认知行为"的教学观。布卢姆认为，学校的学习是建立在一系列大量带有认知特点的预先学习的基础上的，每一个学习任务都需要某些必要学习。布卢姆把某项学习任务所需的必要学习称为"先决认知行为"。如果学生对学习任务缺乏"先决认知行为"，那么无论花多大的力气，也无法达到规定的标准。因此，教师可通过诊断性评价主动地改变"先决认知行为"，使学生在学习新任务前具有适应的"先决认知行为"。也就是在复习过程中，先要求学生将已学的有关基础知识、理论知识记牢并理解，及时检查记忆、理解情况，使学生具有了"先决认知行为"，才能为综合运用知识奠定良好的基础。

④布鲁纳的"发现学习"的教学思想。布鲁纳认为，发现不限于寻求人类尚未知晓的事物，确切地说，它包括用自己的头脑亲自获得知识的一切形式。他提出的发现法教学是"学生按自己的方式而不是照书本的样子，把获得的事物组织起来的一种活动"。教学过程中，学生在教师的指导下，围绕一定的问题，依据教师和教材提供的材料，通过积极的思维活动，亲自探索，主动研究，并且亲自把事物整理就绪，使自己成为"发现者"。这种"发现"并不是真的让学生发现至今尚未发现的知识，而只是对学生来说是未知的而对人类来说是已知的问题。他要求教师培养学生的直觉思维，强调学生要敢于运用知识，大胆猜测，要用直觉思维去感知问题情境，从而"顿悟"，解决难题，发展创造性思维。为此，我们在教学中一定要激发学生的学习兴趣，激励学生敢于运用知识解决实际问题，促进智力发展，培养创造能力，提高学生的素质。

(2)模式的具体操作过程

"启发—引导—分析—归纳—记忆—运用—提高"的复习教学模式，对初中物理知识复习来说是一种行之有效的方法，对基础较差的学生，这种复习模式尤其见效。教育教学中，应先引导学生将知识系统地归纳和划分，形成系统的知识结构和网络；然后要求学生记忆，在理解中记牢；最后启发引导学生运用知识，培养和提高学生分析解决问题的能力、创造能力，实现最终的目的。

①启发、引导学生分析、归纳知识。要搞好初中物理知识的复习，首先就要帮助学生，启发引导学生分析、归纳所学过的知识，使之形成系统的知识结构，便于记忆、理解。教学中，应按照教学大纲的要求，全面系统地进行复习，让学生亲自动手把所学过的知识进行分析、归纳、梳理、概括，使之形成系统的知识结构和网络，便于记忆、理解，这也提高了学生分析知识、归纳知识的能力。在此基础上，根据自己所教学生的实际和复习知识的特点设置重点复习专题，以专题形式进行复习，以便学生更好地归纳重点、难点的概念、规律等理论知识，为记忆、理解知识奠定良好的基础。例如，复习时，我们可将在初中阶段学

过的知识划分为力学、光学、热学和电学等几个部分，启发引导学生亲
自动手把这几个部分的知识逐步进行分析、归纳、梳理、概括，使该部
分的知识系统化，并找出知识之间的联系和区别，形成知识网络，方便
下一步的记忆、理解。

　　另外，明确重点、难点以及复习目标，进行重点专题复习，更好地
帮助学生分析、归纳该部分的知识，培养学生分析、归纳问题的能力。
例如，进行"浮力的计算"的复习时，先启发、引导学生将浮力的概念、
产生原因、阿基米德原理和浮沉条件等知识归纳、划分好，将这部分知
识系统化。然后，针对学生对该部分计算问题较难掌握的特点进行专题
复习，启发、引导学生根据浮力的概念知识，分析、归纳出计算浮力的
五种情况及方法：第一种，利用浮力产生的原因来计算；第二种，利用
阿基米德原理来计算；第三种，利用物体在空气中称重和浸在液体中称
重之差来计算；第四种，利用物体漂浮在液面的条件来计算；第五种，
利用物体悬浮在液体（或气体）中的条件来计算。帮助学生将浮力知识做
了这样的归纳和划分后，学生就易于记忆和理解，可以比较容易地掌握
这部分的理论知识，更提高了学生分析、归纳知识的能力。实践证明，
采用这种方法后，学生对这部分知识的掌握比较牢固，分析、归纳能力
得到显著提高。

　　只有做好以上几点，才能帮助学生分析、归纳好知识，为学生下一
步理解、运用知识打下坚实的基础，才有可能做好物理总复习工作，实
现复习目的。

　　②启发、引导学生记忆、理解知识。要做好初中物理总复习工作，
就要启发、引导学生记忆好知识、理解好知识。只有将已做系统归纳、
划分的知识记牢，并且在记忆中理解，在理解中加深记忆，才有可能运
用知识，实现培养和提高能力的目的，才能收到复习效果。在复习过程
中，应要求学生将已做分析、归纳的知识背熟、记牢，然后引导学生理
解，并且在理解中记牢，在理解中找出知识之间的联系和区别，就会收
到很好的复习效果，为运用知识、提高能力打下良好的基础。例如，进

行力学的浮力知识复习时，先启发、引导学生分析、归纳出浮力的概念、规律等知识以及计算浮力的五种情况及方法，然后要求学生记熟、记牢这些知识，并随后检查，接着启发、引导学生理解好这些知识，联系日常生活的实际例子加以理解，就能使学生记得更牢固，以后运用起来就更方便、更灵活。实践证明，采取这种复习方法，学生对有关浮力的知识掌握得更牢固，特别是基础较弱的学生能收到更理想的复习效果，他们对有关概念、公式等记得更牢固，方便了应用解题，为他们运用这部分知识解题奠定了良好的基础。

要做好初中物理知识的复习，就要在做好知识分析、归纳的同时，记牢有关知识并加以理解，在理解中熟记，在熟记中理解，才有可能掌握好知识。只有记牢并且理解好知识，才有可能灵活运用知识，才能培养和提高能力与素质。

③启发、引导学生灵活运用知识，培养能力，提高素质。要做好初中物理知识的复习，就要在分析、归纳出知识并熟记知识、理解知识的基础上灵活运用，以之解题，在运用知识解题的过程中培养能力，提高素质。从人们认识问题规律的角度来看，这一点也是必不可少的。学习知识的目的是掌握并运用，只有将所学的知识运用到实际中去，解决实际问题，在解决问题中培养能力、提高素质，才能实现学习的目的。要想学生能灵活运用知识、培养能力、提高素质，恰当的教学方法就显得十分重要。要根据所教学生的实际，结合学生所学知识的特点，来设计教学方法；要精选好能力训练的载体——典型例题，以典型例题来带动复习，调动学生运用知识来解题的积极性；学生的练习题也要精选，要提高练习的科学性；测验题、练习题、例题的选取要有针对性、层次性、典型性，练习方式、方法要有多样性，要有足够的思维训练量。例题及练习题应结合不同层次学生的实际情况选灵活新颖的、能力要求较高而又比较基础的题目，运用知识解题应加强一题多变、一题多解、正逆变化求索的训练，这样才能让学生广有收益。只有做好以上几点，学生才能真正掌握学过的知识，才能提高能力和素质。实践证明，以上几

点在初中物理复习中很有效，教学采用这样的方法后，复习收到了良好的效果，学生的学习成绩和能力都得到了很大的提高，素质得到了加强，实现了复习目的。

另外，要做好物理知识的复习，培养学生的能力，提高学生的素质，还必须在培养学生运用知识解题的过程中，同时培养、提高学生的实验能力，只有这样，才能使复习收到良好的效果，全面实现复习的目的。应该针对学生的实际情况，加强实验题的训练，在复习中不仅要求学生仔细观察实验，而且要求学生亲自动手做、分析、研究实验，总结得出结论，这样才能培养学生的实验能力，提高学生分析、解决问题的能力，学生才能真正掌握各种实验技能，提高素质。对于个别重要的实验、比较难的实验还要反复练习、操作，才能收到良好的效果。事实证明，做好这些，就更能提高学生的能力，培养学生的素质，收到良好的教育、教学效果。

④启发、引导学生将知识升华，培养创造能力。要做好物理知识的复习，不仅要做好前面几步工作，还要在教学过程中启发、引导学生将已经复习并掌握的知识升华，将之应用到实际中去解决问题、去创新，培养学生的创新能力、创造能力。也就是，在复习教学过程中，结合复习的知识的特点，培养学生的创造意识，发展其创造性思维、创造性想象，注重非逻辑思维的培养，塑造创造性人格，这样才能实现教育目的。培养学生的创造力，重在使其产生主意、灵感或新观念。教师应精心设计、创造氛围或教学背景，启发、引导学生独立地去发现问题，抓住问题的实质，从不同的视角，遵循不同的思维方式，努力探求多种求解问题的方式方法。

要做好这一点，关键就是要结合复习内容的特点和所教学生的实际设计好问题，联系实际激发学生的求知欲望、创新兴趣，充分调动学生钻研的积极性，善于启发，积极引导，并且做到耐心细致，这样才能收到效果。例如，进行初中电学"伏安法测电阻"的实验复习时，先帮助学生熟练掌握该实验的原理、方法，接着启发、引导学生将该部分知识升华：提问①我手边有电源、导线若干、一个已知阻值的电阻、电流表或电压表(其中一个)，怎样测出一个未知阻值的电阻？②现有电池组、导线若干、一个已知阻值的电阻、一个电流表，怎样测出一个标值不清的变阻器的最大阻值？让学生充分思考、研究，动手实验，找出正确答案。然后，再提问：还可以用伏安法来测量什么？让学生充分联系实际，找寻答案，教师最后加以总结。这样，既能将该部分知识升华，又能发展学生的创新能力、创造性思维，复习必然能收到很好的效果。这样的例子不胜枚举。只要我们在教育教学过程中，结合实际，方法得当，肯下苦功，学生的创新能力、创造能力必定能得到提高。

⑤在复习过程中，教学方法一定要结合学生实际，做到生动、灵活、得当。要想以上几步工作收到良好的效果，关键就是在复习过程中，实施切合学生实际的教育教学方法，做到生动、灵活、得当，并及时反馈。应根据复习内容的特点，结合学生实际，有时候采用导学-讨论模式作为主要方法，有时候采用目标-掌握模式作为主要方法，更多时候采用图表-竞赛模式作为主要方法，充分调动学生的学习兴趣和学习积极性，激发学生自觉学习、自觉复习，才能保证复习的效果。这些年，我一直担任毕业班的物理教学工作，刚接手时学生成绩并不理想，有不少是"个体户"(考试成绩在10分以下的学生)，尖子生的成绩也并不拔尖。我接手九年级工作以后，积极按照以上几点开展教育教学工作，坚持以自己所定的模式来开展工作，开展最后的复习，教育教学工作收到良好的效果，不仅学生参加升学考试消灭了"个体户"，而且尖子生参加区、市、省物理竞赛都取得了好名次，获得了奖励，所教学生的成绩以及能力与以往相比有了很大提高，素质也比以前有了很大提高。实践证明，以前面四点为基础，以第五点为保障，复习工作就能收到很好的效果。

总的来说，只有在初中物理总复习中充分启发、引导学生分析、归纳好知识，记牢所学的知识，并且理解深、理解透所学的知识，再加以灵活运用来解题、解决实际问题，才能培养和提高能力，发展创造能力，提高学生的素质，实现复习目的。只要教学方法得当、灵活，并且从"启发—引导—分析—归纳—记忆—运用—提高"的复习教学模式出发，学生的理解能力、推导能力、分析综合能力、利用数学处理物理问题的能力和实验能力就会得到提升，教学就能收到效果，复习就会达到目的，学生的素质必定能提高，就能很好地实现教育教学目的。"启发—引导—分析—归纳—记忆—运用—提高"的复习方法，是初中物理复习方法中最有效的方法，是物理复习教学的有效模式。

小课题研究教学、复习教学的创新实践，令探究教学、自学教学的创新改革成果得到巩固，学生自主创新、自主发展的能力有了很大提高。学生不仅成绩全面提高，而且创新能力全面发展，参与科技创新活动的学生越来越多。学生参加各级物理、科技比赛获奖，创新物理教育的成果得到明显体现。我的个人特色发展也逐步走向了自主发展成熟之路。

（七）创新德育——创新物理教育的德育教学

现代社会的教育，不应仅仅停留在传授知识上，还应着重培养人的能力，提高学生的素质，使学生全面发展。正是因为这一点，抓好学生的德育教育工作就显得尤其重要，只有把学生的德育教育工作做好了，学生的素质才有可能提高，学生才有可能全面发展，才能实现教育的目的。各个学科的教育教学工作应该根据这个目标来展开，结合自己所教学科的教学特点，积极对学生进行德育教育。

物理学科是中学的必修学科之一，在物理教学中对学生进行德育教育也就必不可少。在物理教学中，结合学科特点，开展德育教育工作，将德育教育工作积极渗透到教育教学的每一个环节中去，采取科学灵活而又切合学生实际的方法对学生进行教育，充分利用发展性评价，就能充分发挥教学的德育功能，提高素质育人的效果，实现教育目的。

在物理教学中，要想德育教育工作收到良好效果，要想采用科学而又切合学生实际的灵活教育方法，实现德育教育目的，达到既教书又育人，就必须：①从物理知识的特点、物理教学的特点出发，在教育教学过程中，培养学生树立科学的世界观；②充分利用教材特点，对学生进行辩证唯物主义教育、科学研究态度和精神教育、刻苦钻研和逆境成材教育以及爱国主义教育；③利用生生、师生、家校多元评价。这样，德育教育、素质育人工作才会收到良好的效果。

创新物理教育的德育教学，就是在物理教育教学过程中渗透世界观、唯物主义认识论、科学研究态度和精神、刻苦钻研和逆境成材、爱国主义的教育，采用师生互动、自主评价、自主提高的德育教学方式，进行多元德育自主评价，全面提高学生的道德品质。该教学方式的具体操作原理和做法如下。

1. 启发、引导学生树立科学的世界观

物理教学中的德育工作要想收到良好的效果，就必须充分利用物理知识的特点、教材内容的特点，帮助、启发、引导学生逐步树立科学的世界观，正确认识世界、对待人生。在进行有关物理规律、定律的讲解、推导等教学时，应根据不同教学阶段的内容特点，适当插入有关科学家的生平故事、事迹，进行科学人生观的教育，这样不仅可以提高学生学习物理知识的兴趣，而且可以比较容易地实现帮助、启发、引导学生树立科学的世界观、正确认识世界、正确对待人生的目的。例如，在进行力学的有关知识教学时，可根据教学进度，适当加插哥白尼、伽利略等科学家的事迹、生平和日常生活的小故事，既提高了学生学习知识的兴趣，又正确引导了学生，不知不觉中就能帮助、启发、引导学生树立科学的世界观。通过这种教育教学方法，德育教育工作就必定能逐步收到效果。实践证明，这种教育方法行之有效，作用明显。

2. 对学生进行辩证唯物主义认识论教育

在物理教学中，充分利用物理知识、教材内容的特点，对学生进行辩证唯物主义认识论的教育，德育工作就必定能收到良好的效果。现阶段中学所传授的物理知识，都是以前的科学家研究得出的成果，

其中的不少知识、规律，是唯物主义学者研究得出的结论。教学中，我们应该根据所教知识的实际情况，适当讲解这些知识的有关科学研究的史实故事，结合这些史实故事使学生加深对学到的知识的理解，从而帮助学生逐步认识辩证唯物主义认识论，接受、理解辩证唯物主义认识论，正确认识事物、认识世界、对待世界，这对德育教育工作帮助很大。方式、方法适当而又灵活时，往往会收到事半功倍的效果。例如，在进行力学的有关知识教学时，我们可以讲解著名的"日心说"和"地心说"的史实故事，强调科学家哥白尼怎样在这两种"说"的争论中，用唯物主义的观点来研究，凭着科学的精神，坚持真理，用一生的心血，得出正确的结论，指出我们现在所学的物理知识都是以科学的辩证唯物主义认识论得出的结论，引导学生更好地理解辩证唯物主义认识论，正确地认识世界、面对世界。这种方法对德育工作有很大帮助，实践证明也是行之有效的。在物理教学中采取这种方法后，学生对辩证唯物主义认识论从知道到了解再到逐步加深，为他们正确认识世界、面对人生奠定了基础，德育工作收到了良好的效果，更好地贯彻了教育方针。

3. 对学生进行科学研究态度和精神教育、刻苦钻研和逆境成材教育

在物理教学中，应充分利用知识特点和教学特点，对学生进行科学研究态度和精神教育，启发、引导学生树立实事求是的观念，进行刻苦钻研和逆境成材教育，培养学生积极向上、不断进取的精神，德育教育工作才会收到良好的效果。我们现在所教的物理知识都是以前的科学家通过无数次的实验研究、不懈努力以及奋斗，以实事求是的科学态度得出的正确结论。教学中，我们应该根据不同阶段的教材内容特点，讲述有关科学家的研究故事，通过有关科学家实事求是、刻苦研究、逆境成材的事例，给学生树立正确的学习榜样，帮助学生掌握正确的学习方法，正确面对今后的人生之路，走好人生的每一步。这样做对德育工作收到实效帮助很大。例如，我们在进行力学、电学的有关知识教学时，

可讲述牛顿、爱迪生等人的事迹，特别是讲述爱迪生刻苦研究、逆境成材的精神，从而帮助、启发、引导学生掌握正确的学习方法，形成勇敢地面对人生挫折的精神和态度，不断进取，积极向上。同时，可讲述哥白尼等科学家实事求是、一生为真理奋斗的事迹，对学生进行实事求是的精神和态度教育。另外，可充分利用物理教学的实验教学特点，在实验教学中培养学生刻苦钻研的精神、实事求是的科学研究态度，更好地指导学生正确面对日后的学习和生活。这种方法会收到很好的效果，学生在不知不觉中接受了教育，达到了潜移默化的效果。

4. 对学生进行爱国主义教育

要想德育教育工作收到良好的效果，就要在物理教学过程中充分利用教材内容对学生进行爱国主义教育，使学生树立为祖国繁荣、民族富强而努力学习、奋斗的理想。中学生是中华人民共和国的公民，应肩负起祖国的未来。教学中，应积极启发、引导学生树立这种理想，进行这方面的教育，因此，就要结合教材内容，采取切合学生实际的方法对学生进行爱国主义教育。教学内容中适合这方面教育的例子不少，我们应充分利用。例如，在进行电磁学的有关知识教学时，就可利用教材中的例子进行爱国主义教育：我国宋代的学者沈括首先发现了地磁的两极和地理的两极并不重合，这一发现比其他国家早了400多年。从这个例子出发，对学生进行增强民族自豪感的教育，激励学生热爱祖国、积极进取、为国争光，为祖国的繁荣、富强而努力学习。教材中这类例子不胜枚举，只要运用得当，就能帮助我们对学生进行德育教育，增强学生的爱国信念、民族自豪感，激发学生的爱国热情，学生将此结合到实际学习中去，付诸行动，德育教育就会收到很好的效果。因此，要做好德育工作，这一点在物理教学中也是必不可少的。

在物理教学中，只要我们结合物理知识和物理教学特点，采用师生互动、自主评价、自主提高的德育教学方式，利用生生、师生、家校互动的多元德育评价方式，激励学生自主进取，实现学生自主德育教育，就能全面高效地提高学生的道德品质，德育教育工作就能落到实处，就会收到很好的效果，为完成物理教学任务奠定良好的基础。

(八)创新评价——创新物理教育的评价教学

学生在学习物理的过程中，受教育的意义在于促进他们的发展，而这样的发展需要导向，需要激励，需要了解他们的需求，帮助他们认识自我，建立自信。发展性评价是实现这些功能的重要环节。发展性评价所追求的不是给学生结论，更不是给学生评级或打分并与他人比较，发展性评价更多地体现了对学生的关注和关怀，更多地从学习兴趣、情感体验以及学科共通力方面发现学生的潜能和特长，促使学生在原有水平上不断发展，不断完善自我，也就是逐步培养和提高他们的自主学习能力。贯彻落实发展性评价，就能对学生自主学习能力的培养起到事半功倍的作用。

正是基于以上的理解，我们在物理教育教学中，创新使用发展性评价方式来培养学生的自主学习能力，提高学生的整体素质，具体采用"启发讨论—激励探究—灵活评价—发展能力"的培养教学方式，全面实现素质育人。

中学特别是初中的物理课程，应在小学原有的一些基于现象探究活动的基础上，开展教师指导程度不同的、具有认知能力要求的探究活动，逐步促进学生认知能力和科学探究能力的发展。物理学习的主要目的不仅仅是学习知识，更重要的是在科学评价和激励的过程中，让学生学会学习、学会探究、学会评价、树立正确的价值观，使学生实现可持续发展。

教育教学中，教师要明晰激励评价的功能，积极改革质量评价方式，全面开展激励评价，逐步实现科学评价育人。

1. 利用问题讨论式评价方法，为培养自主探究能力奠定基础

问题讨论式评价是学生发展性评价的重要形式之一。在传统的课堂教学中，这种讨论基本上是以教师为中心进行的，教师提出一个个问题，然后指定学生发言，教师引导着讨论的方向。在这个过程中，教师

不断对学生进行评价，评价往往是教师根据自己的感受进行的，它忽略了学生的主体地位和对自身价值的追求，不断扑灭着学生在回答问题时迸发出的智慧火花。新课程理念下的《广州市义务教育阶段学科学业质量评价标准（物理）》问题讨论形式评价，其最根本的要求就是让学生去认识和发现问题，提出问题，让学生为解决问题提供自己的思维方法和过程，提出自己的判断和假设。它为每一个学生的发展创造了机会，为每一个学生充分体现自己的价值提供了充足的时间和空间。这对我们很有启发。

我们在进行"蒸发"一节教学时，在实验班中进行了大胆的尝试。课前，先让学生预习该节内容：①明确蒸发等有关概念；②如何加快液体的蒸发；③用实验演示证明液体蒸发的作用。学生可以自己单独完成，也可以和其他同学合作完成，材料用具自备，准备好上课时讨论交流。结果，大部分学生课前都做了充足的准备，不仅用到了教材上提到的材料用具，还主动查资料，找来了日常生活中用到的寒暑表、棉花、酒精、电风扇、电吹风等来完成自己的实验，在课堂上充分展示自己的观点和方法，做了详细的实验演示和论证说明，在讨论和交流中掌握了"蒸发"的有关知识，培养了自学能力和自主探究能力，更提高了学习兴趣。

而在比较班，我们还是采用传统的教师演示讲授法。学生按照教师的启发，一步步地学习，一步步地去理解，一步步地去掌握。学生虽然掌握了这部分知识，但是，比起实验班的学生，知识面较窄且掌握得并不牢固，能力并不够强，灵活性也差，学习兴趣也不够浓。

这章其他知识的教学，也参考了上面的教学方法。教学结束后，我们在实验班进行了一次交流物理学习体会的主题班会，围绕物理学习与自主探究学习能力的培养展开了研讨，学生们发言踊跃，普遍感到物理学习真的教会了他们如何自主探究学习。

同时，我们在整个年级及时进行了测验以及问卷调查，表 4-3 是两个班（两个班起点基本一样）的调查结果。

表 4-3 利用问题讨论式评价方法培养学生自主探究能力效果调查表

班别	有预习/人	能提出问题/人	能设计实验并验证/人	喜欢学习物理/人	测验成绩（及格）/人
八年级（1）班（实验班）（48 人）	45	21	34	41	42
八年级（8）班（比较班）（47 人）	40	10	21	32	34

由此看出，利用问题讨论式发展性评价，不仅能最大限度地提高学生的学习兴趣和学习成绩，而且能培养学生的探究能力，激励学生积极主动学习，为培养学生的自主探究能力奠定良好的基础。

2. 利用活动表现评价方法，培养自主探究能力

活动表现评价是质性评价，或是等级量化评价和质性评价相结合。它的评价涉及知识与技能、过程与方法以及情感态度与价值观三维课程目标，特别是后两维目标更为突出。活动表现评价是最能促进学生学习方式改变、提高学生科学素质、增强学生创新意识，以及代表新时期教育理念的评价方式。在三维课程目标的总体要求下，活动表现评价的本质是促进每一个学生的发展。它充分关注学生的起点和兴趣，通过评价的方式，促使学生学习行为不断变化和科学素质不断提高，逐步培养自主探究能力，促进学生自主发展。

在物理教学过程中，学生的活动大致有观察、实验探究、调查、制作等几种形式。教师应根据不同的活动内容、不同的活动方式来确定评价内容、评价标准和具体的评价方案，这样活动表现评价才会收到实效。例如，教师可采取多主体评价方法，利用学生本人、学生家长、学生的同伴，以及教师和管理者等进行活动表现评价。在学生的自我评价过程中，学生对自己的学习行为进行总结、反思，进一步认识自己，更好地培养独立性、自主性和自我发展、自我成长的能力。在学生对他人的评价中，双方学习交流，学生可以更清楚地认识本人的优势和不足，

从而更全面地认识自我。这样，利用及时的评价反馈，就能极大地促进学生能力的发展。我们在实施《广州市义务教育阶段学科学业质量评价标准(物理)》的过程中，正是以此为出发点开展工作的。

在进行"电学"知识复习教学时，我们在九年级进行了一次电磁铁以及电学知识应用的小制作比赛。实验班的学生特别积极，大部分学生都用铁钉和细铜线制作出了一个简单的电磁铁，并在课堂上积极交流。其中，实验班的胡斯毅、劳华溢等同学利用易拉罐、泡沫塑料、矿泉水瓶、导线、电池、小灯泡、木板等制作出安全自动报警器，参加区、市青少年科技创新大赛，获得了白云区一等奖、广州市二等奖；胡铭坤、程燕华等同学利用简易压触式发电机、导线、低压电子门铃等制作出可发电节能门铃(图 4-5)，参加区、市、省青少年科技大赛，获得了白云区一等奖、广州市一等奖、广东省二等奖。

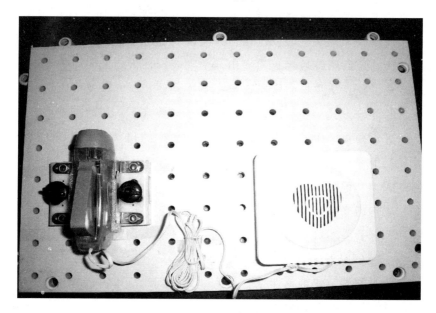

图 4-5 可发电的节能门铃

其他班的学生虽然也很努力，但制作的效果还是比不上实验班的学生。活动过程中，我们还要求学生相互进行了评议，教师及时进行总

结，对他们的作品都给出了充分的肯定。活动收到明显的效果。表 4-4
是比赛的评价结果。

表 4-4　电磁铁以及电学知识应用小制作比赛评价结果表

班别	制作态度好		制作效果好		制作有特色	获奖	
	家长评议/人	同学评议/人	自评/人	同学评议/人	(教师评议)/人	年级/人	学片/人
九年级(1)班(实验班)(48人)	45	46	37	32	36	6	1
九年级(3)班(比较班)(49人)	37	40	31	27	28	3	0

　　另外，在期中的时候，我们还要求实验班的学生围绕学校附近的噪声等环境污染问题进行一次实际调查，同学们都积极参加，写出了不少好的调查报告。其中，有的学生对石井河的污染做了仔细调查，对治理污染提出了不少好的建议；有的学生对减少校园附近的噪声污染提出了有实际意义的意见。实验班的学生参加白云区青少年科技创新制作及论文比赛获得了好成绩：九年级(1)班李美波同学所写的论文《如何在无声世界中"看"到声音》获区一等奖，黄泳欣同学所写的论文《校园噪声产生原因调查和减少噪声措施的研究》获区二等奖，等等，共计 9 人获区级奖。

　　从以上数据和所举事实不难看出，利用活动表现评价方法，采取多主体评价方法，学生的探究、创新能力得到了提高，素质得到了增强，自主学习的能力逐步有了提升。

3. 利用考试评价方法，巩固自主探究能力培养的成果

　　传统的考试试图通过分数和排名起到警示与鞭策的作用，以此刺激学生进步，这种做法违背中小学生身心发展规律。初中学生各方面的发展还不成熟，当考试成绩较好时，得到教师的肯定、同学的羡慕，学生的自信心、自豪感很强；当考试成绩较差时，受到批评，受到同学的冷

落，沮丧、自暴自弃的情绪使他们消沉，学习更加困难。新课程的发展性评价观改变了这种非人性化的、严重阻碍学生发展的评价方式，强调学校内部的考试应当建立发展起点评价的观念，让每一个学生在考试中树立自己能行，可以再前进一步的信心。发展性评价的考试没有甄别、选拔的功能，所以，在考试时应运用、创设多种方法，充分利用各种考试方式，让学生在没有压力的宽松环境中展示出自己的水平，发挥出自己的特长，答出一个好心情，从而更加激励学生主动学习，不断进取，促进学生自主学习，全面提高，巩固培养成效。

在实验班的教学中，我们就采取多种考试评价方式，如实验操作考试、实验探究考试、开卷考试、闭卷考试、小组合作答题考试等，在不同教学阶段采取不同的考试方式，进行恰当的评价，充分发掘出不同层次学生的闪光点，逐步树立起他们的自信心和自豪感，使学生都能积极进取，主动学习，自主探究，不断进步。例如，九年级（1）班的李淇洋同学，由于基础不扎实，八年级刚学习物理时成绩非常差，对物理学习不感兴趣。但是，通过接触，我感觉他的动手能力很强，就充分利用每一次的实验课和实验操作考试，让他充分展示自己的能力和水平，及时在全班同学面前对他进行表扬，树他为班级实验动手能力标兵。结果，他逐步树立起学习信心，对物理知识的学习自觉了。经过一年的努力，他不仅物理学习成绩从八年级时的 17 分进步到升学会考时的 61 分，而且各方面的能力均比以前有了很大的提高，个人素质也有了显著提高。九年级（1）班的凌毅晖同学的基础和李淇洋差不多，刚学习物理时测验的成绩只有 31 分，优点是语文基础较好、文字表达能力强，缺点是动手操作能力和实验探究能力差。在教学中，我就利用每一次的开卷考试、闭卷考试和小组合作答题考试的机会，让他充分展示自己的文字答题水平，将他答得好的问答题在全班宣读、点评表扬。过了不久，我发现他学习物理知识的兴趣变浓了，他学习不仅主动，而且还会不断改进方法，既保持了原来文字表达能力强的优点，又积极提高动手操作能力和实验探究能力，学习成绩和各方面的能力以及素质都不断提高。到了最后参加升学会考时，他考出了 95 分的好成绩。

在实验班中，我们正是利用这种因人而异的评价方法，充分利用每次考试评价，调动学生积极探究、主动学习。而在比较班中，我们还是采取传统的考试评价方式。经过长时间的实验尝试，得出明显不同的效果。表 4-5 是实验班和比较班(两个班起点相同)的学生 2010 年参加升学会考时有关数据的比较。

表 4-5　实验班和比较班培养效果(升学会考成绩)比较表

班别	及格/人	优分/人	平均分/分
九年级(7)班(实验班)(47 人)	37	15	71.1
九年级(9)班(比较班)(47 人)	22	10	59.3

其中，校九年级物理会考全年级平均分超过了区、市平均分，首次排在全区公办学校的第三名，创我校办学以来最好成绩的纪录，学生的能力和素质得到全面提高。

从以上所述可以看出，正是有了多种不同的、因人而异的考试评价方式，实验班的学生不仅学习成绩明显进步，而且乐于学习、主动探究，能力与素质大大提高，真正巩固了自主探究学习能力培养的效果。

4. 评价与反思

总的来说，实行创新物理教育的发展性评价收效明显，从实行前后的调查数据比较可以看出，与起点相同的比较班相比，实验班的学生比以前好学会学了，自主探究学习能力明显得到了提高。

虽然创新物理教育的发展性评价的优点不容置疑，但我们在实施过程中仍感不足，有待改进。与创新物理教育的发展性评价配套的会考评价方式改革还没有跟上，会考形式只注重纸笔考试，没有统一的实验设计、操作等具体动手能力的考试，影响了创新物理教育的发展性评价对学生综合能力和素质培养作用效果的进一步提高，不能体现出创新物理教育的发展性评价的最佳效果。相信随着新课程改革的深入，这一点会逐步解决。

创新物理教育的发展性评价从新课程生本教育的理念出发，指导教师科学地在教育教学过程中评价学生，围绕一切教育评价都是为了学生的自主发展这一目标开展工作，真正做到了生本育人。只要我们在教育教学过程中科学评价学生，激励学生自主探究、自主学习，学生就必定能自主发展，全面发展。

德育教学、评价教学的实践，促进了学生和我的全面自主发展，学生和我的整体素质全面提高，不仅在市级、省级、国家级科技大赛中获奖，更获多项国家发明专利，学生和我也走向了收获成功之路。我也从一名默默无闻的农村初级中学的教师成长为省名教师培养对象、南粤优秀教师、省名教师工作室主持人、市教育专家、正高级教师。

创新教育的实践不仅带来了学生的自主发展，也带来了我的全面自主发展。

二、应用创新——创新物理教育的学生学习实践

(一)能力前行——创新物理教育的学生能力要求

由于中学物理知识和我们的日常生活息息相关，学生开始学习时普遍感兴趣，因此，创新物理教育对学生学习能力起点的要求不高，每个学生都可以参与。但是，为了学生能长期保持学习兴趣，长期主动投入物理学习，教师还是要充分利用物理教学特点，做好以下几方面工作，才能使学生储备更好的能力与状态投入后续学习，创新物理教育教学才会收到预期效果。

①调整好学生的参与状态，保证学生全程主动投入学习和活动。学生在课堂上要有饱满的热情、强烈的自我需要，注意力集中，全程投入，师生关系融洽。

②保证学生的参与面，引导学生全体共同参与。学生参与学习的面广，所有学生共同参与，教师真正面对全体学生，分层设置达成目标，吸引学生共同参与学习和活动。

③精心设计学生的参与时间，学生自主掌握课堂。学生主导课堂，在课堂上有充裕的参与时间，学生自主实验、探究、讨论、汇报、总结等所用时间不少于整节课时间的三分之二。

④学生的参与方式要灵活，活动要切合学生自主课堂的实际。引导学生以多种方式参与学习，如小组学习、独立学习、集体讨论、动手操作、交流汇报等。

⑤学生的参与状态要好，保证高训练效率。鼓励学生敢于发现问题，敢于质疑，培养学生善于观察、乐于动手操作、敢于发表自己的意见、善于倾听和理解他人发言的能力。在学习与活动过程中，鼓励学生动手、动口、动脑，展示自我，运用知识解决实际问题。

⑥学生的参与效果要好，保证三维目标达成度，即学生在知识与能力、过程和方法、情感态度与价值观三个维度都得到较好的提升，保证效果最佳。

(二)方法保障——创新物理教育的学生学习方法

引导学生采用"五步"高效学习法：主动探究—汇报交流—自主总结—自觉应用—自主创新。将自主学习、工作、发展理念融入学生主体，促进学生全面、和谐、持续发展。

通过启发、引导和培养，使学生逐步掌握一种切合自己实际水平的学习方法，即课前预习，课堂上主动探究、积极汇报交流，并及时总结，共同分享，互相赏识，课后创新实践，自觉应用提高。

学习方法的推广不能强硬，要注意逐步渗透。自主学习的方法、能力培养和要求要切合学生实际。能力水平的训练和要求不能定得太高，以免学生失去探究学习的兴趣，要循序渐进，一步一步地提高要求和训练水平，对学生的科学学习方法的培养才会收到实效，学生才能真正掌

握切合自己实际的学习方法。学生的学习成绩和综合素质的提高可充分
说明这一点。

1. 示范引领，自我展示

第一步，教学开始阶段，教师利用物理实验探究教学引导学生投入
探究学习，开始"五步"学习法的初始尝试；第二步，让探究成功的学
生、小组进行课堂汇报，师生共同评价，分享探究成果，互相赏识；第
三步，激发学生进行自主总结；第四步，学生自主应用知识，解决课堂
上遇到的问题；第五步，鼓励学生将学到的知识应用于实际，创新地解
决实际生活问题。以探究成功的学生为榜样，引领全体学生主动、自觉
地参与这种学习方式，鼓励学生参与自我展示，学生就在自然参与过程
中逐步采用了这种学习方法。

案例1是学生自主探究学习的一个案例，课前教师引导学生做了充
分的准备。

案例1："宇宙和微观世界"教学

学生课前准备充分，查找资料，动手实验，主动探究"宇宙和微观
世界"的有关知识，自己制作、汇总成网页以及PPT等材料。学生在课
堂上踊跃汇报，争先发言、演示自己的探究成果，不仅利用多媒体课件
等阐明自己的观点以及探究结论，而且还互相考查，共同评价，在自我
展示、互相欣赏的过程中掌握了知识。学习的形式和成果得到教育部门
肯定，作为示范样例在广州市教育局的广州教育e时代网上展示。

从案例1看出，在这所城郊接合处的普通初级中学，学生们的自主
探究、自主学习能力也能有质的飞跃。

2. 科学总结，及时交流

在推广"五步"学习方法的过程中，要注意引导学生找到切合自己实
际的学习方法改进点，鼓励学生在课堂上努力展示、汇报自己的课前、
课堂探究学习的收获，和同学分享自己改进学习方法的成果，树立改进
学习方法的信心，引导学生主动改进自身学习方法，采用、借鉴教师和

同学的成功学习经验与科学方法。

　　在推广学习方法的过程中，特别要注意引导学生及时总结，写下学习心得，互相交流，共同提高。

案例2：和你分享——学生自主探究学习体会交流会

　　在九年级(1)班的物理自主学习体会交流会上，学生积极发言，互相交流自主探究学习的体会，在潜移默化中掌握了切合自己实际情况的科学学习方法，知识与能力得到了又一次的升华和提高。

三、创新示范——创新物理教育的实践案例

利用科学探究，培养自主学习能力
——"蒸发"教学案例实录

　　摘要：物理新课程实施要求在物理教学中培养学生的自主学习能力，而利用实验等科学探究教学是一条很好的途径，我们可通过实验探究，利用计算机多媒体，激发学生主动参与探究，教学就能收到很好的效果。本文结合"蒸发"教学案例对此进行了阐述。

　　关键词：蒸发，科学探究，自主学习，能力。

一、背景

根据《课程标准》的要求，要在物理教学中培养学生的科学探究能力，激发学生积极主动学习，提高学生的自主学习能力。结合郭思乐教授《教育走向生本》的精神，在实际教学中，我们要从学生的实际出发，充分利用各种教学手段，特别注意利用科学实验探究来设计和实施教学，才能调动学生积极主动学习，收到事半功倍的教学效果。"蒸发"的教学内容属于理论与实验相结合的教学知识，很适合通过设疑激趣来激发学生主动探究，利用实验探究来归纳总结知识，从而培养学生的自主学习能力，更好地实现教育教学目的。

结合教学内容和我现阶段所教学生（城乡交界处的普通初级中学普通班学生）的实际，本节课教学采用实验探究的教学模式，是一节普通的新授课。

二、问题的提出

在旧教学大纲下，物理概念以及学生实验的教学是先讲课，再实验。实验的结果其实已由教师灌输给学生，束缚了学生的思维，会使学生形成一种思维定式。长此以往，这种不良心理暗示使部分学生对实验中的新奇现象或视而不见，或失去了好奇心，更不能把这种好奇心转移到探求科学真理上，无法把好奇心升华为求知欲，失去了主动探究、进行创造、追求知识的强大动力。为了改变这种不利于学生发展的实验教学模式，我在《课程标准》的理念指导下，引导学生进行探究性实验，在实验的各个环节中积极创设情境，利用各种方法把学生带入情境，让他们在活生生的现实情境中好奇、好思、好问，同时巧设问题，引发他们丰富的联想，积极利用发展性评价，激发学生浓厚的求知欲以及主动探索的精神，主动探究出知识，达到既培养学生的创造性思维，又培养学生的情感、态度、价值观的目的，更好地促进学生自主学习能力的发展。

三、问题的解决

（一）组织教学

教师检查学生的预习情况。在"蒸发"这一课题的教学中，确定课题以后，课前明确提出下列预习任务(投影展示)。

①你见过课文第一段描述的现象吗？如果没有，可以在手臂上涂上一些水并在风扇下吹一下，手臂有什么感觉？你能解释其中的道理吗？

②物质可以在液态和气态之间相互变化吗？若可以，请举两例或设计一个生活中常见的实验。

③什么叫汽化？什么叫液化？请各设计一个实验说明。

④汽化有哪两种方式？什么是蒸发？请举例或用实验说明。

⑤请你猜测一下影响蒸发快慢的因素有哪些。请你对自己的猜测给予实验证明。

⑥请你反思一下你在验证自己的猜测时是如何设计实验的。你的实验方法是否合理？体现了哪种思想方法？说明理由。

⑦请你举出日常生活或生产中应用影响蒸发快慢的因素改变蒸发快慢的例子。

⑧液体在蒸发过程中要吸热还是放热？请举例或设计一个实验说明(可利用温度计、棉花、酒精等设计)。你现在能解释问题①了吧？

⑨请你对前面的八个问题(本节所研究、所学的内容)做一个回顾和总结。

学生1回答问题①。

学生2回答问题③。

············

学生争先恐后举手发言。

教师选取三个学生代表把自己的作业用实物投影，进行现场展示。逐一点评，及时表扬："你们都做了充分的准备，课前预习很认真！"

(二)引入新课

教师演示实验，将酒精涂在黑板上，酒精很快变干。提问："这个实验说明了物质可从什么状态变成什么状态？"

生：说明物质可以从液态变成气态。

师：对！对这些问题，你们应该还想了解更多吧？下面我们一起来研究吧。

（三）讲授新课

1. 汽化和液化

教师讲解，由上面的实验分析得到以下结论。

①物质从液态变成气态叫汽化。

②物质从气态变成液态叫液化。

教师板书，利用投影仪展示。

演示实验：从热水瓶中倒一些热水进杯子后用透明玻璃板盖上，玻璃板上出现水珠。

③汽化有蒸发和沸腾两种方式。

师：前面实验中的酒精变干、洒在地上的水变干等都是由于液体发生了蒸发。液体在任何温度下都能发生并且只在液体表面发生的汽化现象叫蒸发。

学生观察、思考。

教师板书，利用投影仪展示。

2. 影响蒸发快慢的因素

师：请你猜测一下影响蒸发快慢的因素有哪些。请你对自己的猜测给予实验证明。

学生设计演示或完成自己的实验，观察、思考、分析后进行归纳。

（1）实验探究

教师根据课前的预习情况，鼓励学生大胆发言、相互讨论，并及时根据设计演示或完成自己的实验，验证同时说明自己结论的正确性，从引入课题到展开研究主要问题，一步一步引导学生，在实践和探索中知道、理解汽化、液化特别是蒸发等概念及其现象、特点。

几位学生依次发表自己对影响蒸发快慢因素的猜想、看法，并演示证明自己猜想的实验，说明自己的看法和研究结论。

教师启发、引导所有学生对他们的猜想及实验结论进行分析、研究。

学生利用实物投影和课件（学生课前自己准备的 PPT 演示文稿等），

进行分析论证、评估、交流等，从而找出了影响液体蒸发快慢的真正因素，得出正确结论：影响蒸发快慢的因素是液体温度的高低、液体表面积的大小、液体表面空气流动的快慢。液体的温度越高，液体表面积越大，液体表面的空气流动越快，液体蒸发得越快。

教师板书，利用投影仪展示。

（2）应用举例

师：请你举出日常生活或生产中应用影响蒸发快慢因素改变蒸发快慢的例子，看哪一组的同学举例最多。

教师要求学生举出日常生活中利用蒸发和影响蒸发快慢因素的例子，或利用自备材料用具进行实验展示。

生1：拖地后打开风扇吹，地面的水很快变干。

生2：晒衣服、粮食要放在向阳的地方并摊开。

生3：一些缺水地区采用喷灌技术。

学生演示实验：把水涂在黑板上，用电吹风的热风吹，黑板上的水很快变干。

…………

教师对学生所举的实际例子和实验演示进行分析、评价。

3. 蒸发吸热

（1）实验探究

师：液体蒸发过程中要吸热还是放热？请举例或设计一个实验说明，可利用老师提供的温度计、棉花、酒精等设计。

学生猜想、实验、讨论、思考、练习。学生利用提供或自备材料用具进行实验，运用知识、材料并结合自己的设想动手操作，教师引导学生分析、讨论、研究、归纳，小组交流后选组3、组16上讲台展示探究结果。

学生（组3）将酒精涂在两个坐在前面的同学的手臂上，问这两个同学有什么感觉，这两个同学回答"凉"，说明酒精蒸发时要从接触的人体皮肤处吸热，使人感觉到凉。

学生(组16)取两支温度计同时摆在实物投影机上，温度相同。然后，在一支温度计的玻璃泡上包上沾满酒精的棉花，另一支不包。两分钟后，从投影机上看出前一支温度计的读数明显降低。这说明酒精蒸发时要从接触的温度计吸热，使温度计的读数降低。

师：准确的结论是什么？

生：液体蒸发需要吸热，蒸发有致冷作用。

教师板书，利用投影仪展示。

(2)应用举例

师：请举出日常生活中蒸发吸热的实际例子。

生1：胳膊涂上水后感到凉。

生2：夏天人体出汗后感到凉快，人坐在喷水池旁感到凉快。

生3：人游泳离开水上岸时感觉到凉，是由于人体表面的水蒸发时从皮肤吸热，使皮肤温度降低。

…………

教师根据学生所举例子分析。

这样，在猜想、研究、讨论、运用知识解决问题、实践的过程中，不仅解决了本节内容所需探索研究的全部问题，而且学生的能力也得到了很好的锻炼和很大的提高，教育教学收到良好效果。

(四)复习巩固

1. 小结

师：本节课我们学了哪些主要内容？

学生小结本节课的内容(利用实物投影机)。

师：从本节课我们可以掌握哪种研究问题的科学方法和分析归纳知识的方法？

生：实验探究法，如猜想、设计实验、实验验证、交流、评估等。

2. 堂上练习

①夏天，扇扇子并不能降低气温，但人觉得凉快，这是为什么？

②夏天，用什么方法可以帮人体最快降温？哪些用到了加快蒸发速

度的因素？

学生讨论后，教师找个别学生回答，检查掌握情况。培养提高学生运用知识分析问题、解决实际问题的能力。

（五）布置作业

1. 对于蒸发和沸腾两种汽化方式，下列说法错误的是（　　）。

A. 都是由液态变为气态

B. 都需要在一定温度下进行

C. 蒸发在液体表面进行，沸腾在液体内部和表面同时进行

D. 蒸发和沸腾都需要吸热

2. 下列哪项措施，不能够加快液体的蒸发？（　　）

A. 降低液体的温度　　　　B. 提高液体的温度

C. 增大液体的表面积　　　D. 加快液体表面上的空气流动

3. 酒精涂在皮肤上，皮肤感觉很凉，这是因为（　　）。

A. 酒精放出了热量

B. 空气吸收了皮肤的热量

C. 酒精的温度低

D. 酒精蒸发时从皮肤上吸收很多热量

4. 人在水中游泳后到岸上来总觉得冷，这是为什么？

5. 在城市新建的绿化地带上，刚移植的树木要剪掉许多枝叶，树干上还包满草绳，外面还要用塑料膜密封。你知道这是什么原因吗？请课后探究。

6. 完成教材中的课后练习。

7. 总结这节课的学习方法。

（六）教学监控

教师在学生探究过程中，边探究边检查，随时抽查学生的掌握情况，根据检查到的情况及时调整教法，做足补救措施，提高了课堂教学效果。课堂上及时运用竞赛、表扬等手段，激发学生主动参与、主动探究，提高学习效率。最后，要求学生将探究到的知识课后继续加强练

习、理解，结合日常生活运用，这样才能更好地巩固本节课所学知识。

四、反思与回顾

这节课的教学过程，不但很好地体现了知识的探索与发展过程，而且很好地渗透了科学研究的方法，特别是要求学生运用知识自己设计实验方案，获取研究的材料和实验事实，这非常有意义。我们不能总是把现成的实验、现成的事实、现成的研究材料和现成的研究方法展示给学生。因为，事实上，一个人如果要想具有探索和解决问题的真正能力、自主学习的能力，如何有目的地获得实验事实和研究素材恰恰是最主要和最关键的。只有懂得灵活运用知识解决问题，才能真正自主学习。这节课的教学很好地体现了《课程标准》的思想。

本节课从生本教育出发，运用《课程标准》理念，充分利用科学探究教学、发展性评价，引导学生进行探究性学习，力求使学生真正成为知识的直接探索者、构造者和发现者，而教师仅仅作为组织者、激励者和引导者。本节课强调学生做实验除了"动眼、动耳、动手"外，还要"动脑"，让学生在观察和实验中学习，轻松愉快，充分激发和调动了学生学习的自主性、主动性和创造性，培养学生良好的思维习惯。学生不断地自问："这是什么？为什么？看到了什么？说明了什么？如何设计实验？实验结果怎样？内在联系是什么？实验成败的关键是什么？实验还能做哪些延伸？结论知识与实际有什么联系？"利用这条由浅入深的问题链，同时组织出一条有趣生动的实验链、一条逻辑清晰的思维链，从而合成一条梯度合理、适合学生认知水平的探索链，在潜移默化中培养和提高了学生的自主学习能力，收到了良好的教学效果。

第五章

自主展现——薄发创新自主弘

一、自主学习——创新物理教育的学生学习成效

(一)学生自主学习，质飞跃

2008 学年以前，石井中学学生统考成绩几乎从未超过区平均分；进行成果应用后成绩全面提高，2008 学年第一学期全区统考，两个实验班分别考出了 78.1 分和 70.2 分的成绩，排在年级前列（区平均分 66.5 分）。2010 年，会考成绩从八年级全区统考时公办学校排名第 13 上升至第 3，创学校办学以来最好成绩的纪录。直至现在，学校的初中毕业班会考成绩仍名列该地区公办学校第一名。

省内参与实践的 84 所学校的教育教学质量全面提高，会考成绩超市、省平均分，应用班成绩排地区同类学校前列，学生自主学习、能力和素质有了质的飞跃。

(二)学生乐于创新，早成材

学生超前发展，早成材。学生每年参加市、省、全国青少年科技创新大赛、初中物理知识等竞赛，共计获奖 228 项。其中，首先应用成果的石井中学，学生参加省、国家竞赛获奖从无到有。李毅同学还获得全国初中物理知识竞赛广东省一等奖、国家二等奖。袁芷薇同学荣获第 28 届广州市青少年科技创新大赛最高奖——市长奖。李婉盈、乔晋华等同学荣获第 11 届宋庆龄少年儿童发明奖，第 13 届宋庆龄少年儿童发明奖，第 30 届全国青少年科技创新大赛金、银、铜奖，并获国家实用新型发明专利多项。一批又一批的学生获奖，一个又一个的发明专利，学生创新能力持续彰显，真正实现了早成材。

在石井中学的引领下，其他推广创新物理教育成果的学校也奋勇争先，积极参加各类青少年科技比赛，学校学生参赛从获奖为零，到获区、市、省赛大奖，成绩斐然，受到各级科技、教育管理部门的肯定和

表彰。特别是广州市白云区的薄弱学校——嘉福中学、同德南方中学，在创新物理教育的推广应用中，学生首次获得了广东省少年儿童发明奖一等奖、广州市青少年科技创新大赛三等奖、广州市白云区青少年科技创新大赛一等奖和三等奖，校园育人活动活力倍增，学生能力和素质有了明显提高。成果深受各推广学校师生欢迎。成果的应用促进了这些学校教育教学质量的提高和学生创新能力的全面发展。推广工作受到区教育局的肯定和表彰。

二、自主教学——创新物理教育的教学成效

参与创新物理教育成果实践推广的省内学校，教师教学方式明显转变，学生学习方法改善，优化了课堂教学，学科教育教学水平显著提高。各年级教学质量提高，每年会考成绩超过区、市平均水平，应用班成绩居区同类学校前列，学生能力有了很大提高。召开了区、市、省学生自主探究学习能力培养研究报告会和现场会，课题组组长和教师、学生代表做有关报告和中心发言，研究成果向区、市、省推广，开展了多次市、省示范课，课题研究的录像向市、省推荐并获奖。

实践学校教师所教学生综合素质和能力全面提高，毕业班会考成绩进步突出，多次荣获区、市、省教育教学成果奖。成果被广东省教育厅、广东省中小学教师培训中心、广东第二师范学院、广州市教研室物理科等向省、市中学推广，由于应用效果突出，我作为成果主持人还被广州市白云区教育局任命为嘉福中学、同德南方中学挂职副校长，继续推广应用。

实践学校教师所写的论文在《中学物理教学参考》《中学物理》《现代教育论丛》等期刊上发表，参与编写的书在广东教育出版社等出版社出版。

我作为成果主持人和有关教师多次参加省成果推广专题讲座、现场会、示范课，把成果向阳春市第四中学(跟岗学员吴世流)、佛山市三水

区西南第二中学（跟岗学员陈治锋）、肇庆市地质中学（跟岗学员马杰韶）等省内 34 所学校、市内 50 所学校推广。实践学校教师教学方式明显转变，学生学习方法明显优化，教育教学水平显著提高，应用成效显著。各年级教学质量均有很大提高，会考成绩超市、省平均水平，应用班成绩排所在地区同类学校前列。学生参加物理知识竞赛、青少年科技创新大赛多人次获奖，获国家实用发明专利。学生综合素质全面提高，各项工作效果明显。省内实践学校的 44 名教师被评为省中学物理骨干教师。

我作为市教育专家培养对象，2013 年 12 月赴美国进行成果推广交流，向华盛顿州 9 所中小学推介，受到国外同行肯定。

2013 年 12 月 9 日，我来到美国华盛顿州希瑟伍德中学参观交流。深入了解后，我知道了该校的教学理念和教学方式——走班制，让学生自由选课，自由选修课外课程，自由选修高于自己年级的学习课程，甚至选修高中课程。这和创新物理教育的做法以及效果异曲同工。随后，我和学校师生进行深入交流，并积极推广创新教育教学成果，先进的教育理念和教育方法得到他们的充分肯定，他们也深有同感。

我们的创新物理教育实践学校都能在学生自主选择、自主研修学习的基础上，针对学生建立一系列科学评价制度，结合学业成绩、综合能力和综合表现，对学生进行综合评价，特别是参考学生在艺术、体育、科技（创新）等方面的综合素质和成绩，科学评价学生的学业水平和综合能力。

这点和希瑟伍德中学做法相同，得到肯定。大家都认为，这样能大大挖掘学生的发展潜能，减少升学压力，促进学生身心健康发展。学生享受快乐教育，自觉提高自身创新意识与能力，全面实现和谐发展。

创新教育成果在省内外、国外推广，多地学校乐于实践。实践地区学校自主办学，教师自主教学，学校、师生共同成长。学校被评为特色学校，教师被评为地区名师。实践应用检验效果显著，成绩突出。

三、自主示范——展现自主的高效创新能力培养教育范例

自主发展能激人发奋，自主展示发展成果能让人愉悦，成功的赏识更让人努力进取，让生命绽放更大的成功！我崇尚的是能让学生充分地展示自我，发展自我，从而获得成功喜悦的教学。义务教育阶段基础教育学科教师所教的学生正处于世界观形成、学习能力自我发展的基础阶段。中学物理教学是培养学生自主发展的良好途径，教师只要善于利用物理教学的特点，在教学过程中引导学生积极进行猜想、设计、实验，并积极主动进行分析、论证、评估、交流、合作，就能激发学生自发地投入学习，使学生逐步学会自主学习，学会自主创新，学会自主生活，更学会发展，学生就能在今后的学习、工作和生活中完善自我，保证其人生的可持续发展。在物理教学中让学生充分地展示自我，自主探究，自主展示学习成果，自主汇报学习收获，学生就能在与同学、教师的交流中，在展示自己的成功经验和成果的过程中，充分感受到成功的喜悦与满足，进而继续自主创新，自主进取。

下面展示一个自主创新能力培养课堂教育成功案例。

"多彩的物质世界"教学实录

一、背景

"多彩的物质世界"部分的知识，在初中力学知识中占有比较重要的位置，其中的密度知识更是教学的重点之一。这部分的知识是重力、压强和浮力等力学知识的基础，密度知识及其应用是力学部分的难点之一。只要掌握了质量和密度的知识，就能为理解"多彩的物质世界"，真正理解后面所学的压强与浮力等知识奠定良好基础。这部分有概念、规律，较抽象，要求学生综合运用所学的力学知识解决问题，对于这点学生普遍感到有困难，可以利用实验教学并充分利用生活事例来突破这一难点，实现教学目的。

二、问题的提出

"多彩的物质世界"的知识，特别是有关质量和密度及其应用的知识比较重要，但是我们的学生学习时并不重视，并且学习基础不够扎实，科学探究的方法还没有完全掌握，学生在学习、探究质量和密度测量及利用其鉴别物质时往往会感到有困难，更影响了对密度知识及其应用的掌握。我们要在教学中引导学生把这部分知识理解深、理解透，通过启发、引导学生主动探究，培养学生科学探究的能力、自主运用知识的能力，提高学生分析问题、解决问题的能力，使学生真正掌握"多彩的物质世界"的知识实质，提高学生的素质。

按照"导学-讨论""指导-探索""目标-掌握"模式相结合的教学模式——"问题导学—展示自我—共同赏识"模式进行教学，课前巧设问题，引发学生丰富联想，引导他们对所学知识进行自我归纳，然后，在课堂教学中积极创设情境，令他们利用各种方式展示、自我汇报对知识的总结结果以及应用情况，互相考查，互相赏识，从而得出正确结论，归纳出概念、规律等知识，然后再将归纳总结出的知识具体运用，帮助学生在运用中加深理解，在理解中加深运用，在运用中创新解决实际问题，实现培养自主学习能力的教学目的。

三、问题的解决

(一)课前预习

在"多彩的物质世界"教学中，确定课题以后，我在课前明确提出了每位同学必须完成的预习任务和目标。

①在我们学过的"多彩的物质世界"这部分的知识中，你觉得哪些知识需要我们掌握好？它们有什么联系和区别？有什么重点和难点？有哪些方面的知识可应用于实际？请你按照自己的理解以及思路梳理、归纳好知识，在纸上或利用计算机等做成课件、网页等，准备在课堂上和同学探讨、交流。

②你能够根据自己对这部分知识的归纳和总结，找出相应的有代表性的题目来考查同学吗？若可以，请在课堂上提问考查。

③你能通过实验来展示自己对这部分知识的理解与应用吗？若可以，请准备好在课堂上演示，和同学交流、分享。说明：可两个或两个以上的同学组成一组完成。

④复习过程中你遇到过什么难题吗？是否需要帮助？若有，请提出。

⑤在准备本节课的复习过程中，你最深的体会是什么？

（二）教师检查学生的预习情况

教师检查，学生发言展示、汇报，教师逐一点评、及时表扬："从你们交上来的预习作业来看，你们对这节课做了精心的准备，下面有请你们的代表向全体同学进行汇报。哪位同学先上来？"

（三）学生自我归纳，汇报展示

依次选取学生代表把自己的作业用实物投影、现场展示、归纳、讲解。

（1）请没有制作电子文稿的学生汇报

学生利用实物投影机将自己在作业本上归纳的知识向同学们讲解：①利用知识分解图讲解；②利用知识归纳表讲解。

学生将自己所理解的"多彩的物质世界"部分的知识做了划分和归纳总结，并向全体同学和教师做讲解说明。

（2）请制作电子文稿的学生汇报

学生利用计算机多媒体，演示自己所做的课件，一边展示，一边讲解自己对这部分知识的归纳和总结的结果。

（3）互相考查

教师让学生利用做好的课件或纸介质题目考查同学："在这里我想当一回老师，考查一下你们。这是我收集到的有关'多彩的物质世界'的部分练习和实验题，你们先思考一下，看哪位同学能上来完成？"

各位学生积极举手发言，提问的学生根据同学的回答情况给予充分肯定和恰当的点评。

（四）教师小结，考查能力

教师根据前面学生汇报、互相检查的情况进行表扬："你们总结得不错，各有特色，考查也很有水平。下面我也来总结一下，看能否超越你们的水平。"

（1）教师小结

教师一边演示自己的图表课件，一边归纳知识，让学生比较掌握，特别注意对重点知识的归纳和难点知识的解决，着重帮助学生掌握科学归纳知识的方法。

（2）考查提问

教师利用编好的题目提问，学生回答，教师分析、点评。

（3）实验考查

要求学生利用自备的材料用具（或教师提供的材料用具），演示测量铁块和蜡块密度的实验。学生代表演示回答，教师分析、点评。

最后，师生共同对本节课所学习的知识进行总结，总结这节课的学习方法，并进行课后探究。

（五）教学监控

首先，教师在教学过程中根据学生课堂学习反馈的情况及时进行调整。教师在学生归纳的过程中，边归纳边检查，随时抽查学生的掌握情况，根据检查到的情况及时调整教法，做足补救措施，提高课堂教学效果。其次，教师在课堂上及时运用竞赛、表扬等手段，激发学生主动参与、主动探究，提高学习效率。最后，教师要求学生将归纳的知识课后继续加强针对性练习并结合日常生活知识加以运用，更好地巩固本节课所学知识。

第六章

绽放成功——绛帐既开声正蜚

一、成功教育——展现自主的创新教学特色教育

创新物理教育在培养学生的自主创新能力发展方面起到重要作用，不仅能促进师生全面发展，而且能大力发展学校的特色教育，促进学校所有学科全面发展，创新学校校本课程，激励学校自主办学，打造学校创新教育特色品牌。

在实施创新物理教育的过程中，石井中学的物理科在我的带领下，不仅作为广州市白云区初中物理科的唯一代表连续两届被评为市优秀科组，而且引领学校的其他科组，积极推行创新物理教育的理论与实践成果，带领学校各科组努力打造自身的学科特色，共同建设学校的创新教育特色品牌，成效显著。石井中学被评为白云区首批义务教育阶段特色学校。石井中学不仅在语文、数学、英语等科扎实推进校本课程特色建设，而且利用新课程实施的契机，大力创新综合实践活动课程建设，以点带面，促进了学校的全面发展，彰显了学校的创新教育办学特色。

学校在各学科搞好学科教育教学的前提下，创新实行学科周活动，让学生在学校的大舞台上自主展示、汇报自己的学习、实践成果，特别是创新实践成果，师生共同分享，互相赏识，感受成功的喜悦。校园创新教学特色教育收到明显效果。

学校以创新教育理念为引领，利用物理科技、综合实践活动为龙头，以点带面，创新开展各学科的学科周活动。师生共同设计、共同参与，学生的能力和素质在潜移默化中有了质的提高。

（一）全员参与，精心制订活动计划

科研中心、教导处会在学期初制定整个学期学校的学科周活动方案，在此基础上，要求每个科组制订详细的活动计划，并按计划准时开展学科周活动。特别要求每个科组在学科周活动开展前两周，利用集体

备课时间进行讨论，确定活动时间、内容，然后制定活动方案，提前一周上报学校科研中心、教导处，同时做好比赛、学科海报等，最后学校科研中心、教导处公布学科周内容及安排，各学科按活动方案自主开展各项活动。学科周建设力求创新活动模式，吸引师生主动参与。

活动由物理科组引领，科技、综合实践活动等科组紧跟，师生人人参与，精心制订各科组的学科周活动计划，按科组顺序每两周进行一个学科的学科周活动。从活动前的资料准备，到活动中的过程安排，以及活动后的评价表彰，都做好了详细安排。时间安排在每天学生午餐后的12：40—13：10，活动时间有足够保障，为活动收到实效打下基础。

(二)引导学生主动参与，做好准备

在制订好各科组计划的基础上，结合各学科的特点，采用综合实践活动课程的形式，引导学生主动参与活动前的准备工作：认真调查，准备材料用具，编制手抄报，做好训练，精心准备展示和竞赛材料。

(三)彰显学科特色，实施具体活动

各学科根据自身特点，开展形式多样的创新学科活动。活动切合学生特点，围绕学科自身特色展开，既有娱乐性又有知识性，还有能力要求，吸引各层次的学生主动参与，力求不同层次的学生都有收获，都获奖。激发学生主动参与各个环节的活动，让学生在活动过程中充分享受快乐感、成功感，从而将活动的激情带到学科的学习中去。活动效果明显，以下是两个科组的学科活动实例。

例1：

石井中学物理学科周活动方案

1. 活动目的：通过举办校园物理学科周活动，激发全校学生学习物理知识的兴趣，营造浓厚的探究学习氛围，激发学生自主参与创新，提高学生综合运用知识的能力和创新素质，丰富校园特色文化。

2. 活动时间：第6周。

3. 活动口号：我参与，我创新，我快乐！

4. 参加对象：鼓励全校师生参加。

5. 组织安排：提前一周布置任务，师生共同准备材料，学生准备作品。

内容：(1)物理论文、小制作、手抄报、科学漫画展示比赛。

(2)实验操作比赛。

(3)物理竞赛。

(4)物理科技作品展示比赛。

6. 活动安排：

周次	日期	具体活动	负责部门	负责人
6	周一	收集物理论文、小制作、科学漫画、图画、手抄报	物理科组	张耀佳、陈建宇、舒继军、王淑莹等物理科全体成员
	周二	物理手抄报、论文、科学漫画、图画、小制作展示比赛。地点：舞台前操场；时间：中午12：40—13：10，下午课后	物理科组	张耀佳、陈建宇、舒继军、王淑莹
	周三	常规实验操作比赛。地点：舞台左侧操场；时间：中午12：40—13：10	八年级、九年级物理科组	张耀佳、陈建宇、王淑莹
	周四	创新实验操作比赛。地点：舞台左侧操场；时间：中午12：40—13：10	八年级、九年级物理科组	张耀佳、陈建宇、舒继军
	周五	评比、表彰	物理科组	物理科全体教师

石井中学物理学科周活动总结

以"我参与，我创新，我快乐"为主题的物理科组学科周活动已落下帷幕。在这一周中，我们科组开展了物理论文的征集、手抄报的评比、有关物理知识方面的图画、科技漫画、物理实验操作及创新制作比赛等活动。

物理是自然科学中的一门基础学科，来源于生活，对于学生创新意识和动手实践能力的培养具有无可替代的作用。但长期以来，由于传统观念和传统教学模式的影响，物理教学对于学生自主学习能力的培养重视程度不够，学生之间也是竞争多、合作少，其创造性受到一定的限制和压抑。鉴于此，我们通过物理科组学科周的相关活动，为学生营造了轻松愉快的氛围，学生通过观看各种的物理现象，演示神奇有趣的物理实验，参加妙趣横生的物理游戏，展示自己的物理创新作品，提高兴趣，变被动接受为主动探索，真正感受学习物理知识的乐趣。活动营造了校园科学研究氛围，展示学生特长，张扬个性，激励创新，增强了学生的创新精神，提高了学生的团队协作能力，促进了学生的全面发展。

这次校园物理学科周活动，激发了全校学生学习物理的兴趣，营造了浓厚的探究学习与自主创新氛围，让每个学生找到了自己身上学习的潜力，增强了自信心，培养了学生的实验探究能力和综合运用知识的能力，提高了学生的自主创新能力，丰富了校园特色文化，收到了良好的活动教育效果。

活动掠影：

常规实验比赛

发明及创新制作作品比赛

例2：

石井中学科技、综合实践学科周活动方案

1. 活动目的：通过举办校园科技、综合实践学科周活动，激发全

121

校学生参与科技、综合实践活动学科学习的兴趣，营造浓厚的学习氛围，让每个学生找到自己身上学习的潜力，增强自信心，培养创造性运用学科知识的能力，丰富校园文化。

2. 活动时间：第 11 周。

3. 活动口号：我实践，我创新，我快乐！

4. 参加对象：鼓励全校师生参加。

5. 组织安排：提前两周，学科讨论活动时间、内容、形式，制定活动方案，按活动方案开展各项活动。

6. 活动安排：

周次	日期	具体活动	负责部门	负责人
11	周一	1. 之前布置学生收集、整理资料；2. 公布活动方案	科技、综合实践活动科组	张耀佳余志芬
	周二	科技实践成果展示与演讲比赛(一)。地点：舞台；时间：12：40—13：10	科技、综合实践活动科组	张耀佳余志芬
	周三	综合实践活动成果汇报展示与演讲比赛(二)。地点：舞台；时间：12：40—13：10	科技、综合实践活动科组	张耀佳余志芬
	周四	综合实践活动成果手抄报展示评比竞赛。地点：舞台左侧；时间：12：40—13：10	科技、综合实践活动科组	张耀佳余志芬
	周五	评价、表彰(下周一升旗时表彰)	科研中心、教导处	

石井中学科技、综合实践学科周活动总结

为提高学生的综合素质和综合能力，培养学生的创新精神，展示科技、综合实践活动学科教学成果，我校科技、综合实践活动学科开展了"科技、综合实践学科周"活动。学科周共开展了现场演讲比赛、科技创新制作大赛、环保贺卡制作大赛、综合实践调查手抄报比赛、调查图片展示比赛。在物理科组和科技、综合实践活动科组全体教师的共同努力

与各个班主任的大力支持下，科技、综合实践学科周活动开展得有声有色，扎实有效。活动既激发了学生参与活动的兴趣和积极性，又培养了学生的动手能力，增强了学生的科技创新能力，也让学生享受到了科技、综合实践活动学科带给他们的无穷乐趣和强烈成功感。同学们的素质又有了新的提高，创新能力又有了新的发展。

活动掠影：

科技创新制作大赛

环保贺卡制作大赛、综合实践调查手抄报比赛

123

学校的其他科组也都按时自主进行了学科周活动，注重吸引学生主动参与，凸显学科特色。学生的学习兴趣以及各方面的能力都有了很大提高，学校的学科周活动收效明显，创新特色教育活动让师生收获了一个又一个成功，更引领师生共同走进成功的教学课堂。

二、成功课堂——创新特色教学课堂

在教育教学过程中，学生充分展示自我，在课堂上全面呈现自主探究、自主学习、自主创新的成果，展现自己成功探求知识的收获，共同分享成功的喜悦，获得自主发展，这就是教师教育教学工作的最大追求！

下面展示一例创新特色教学课堂实录。

"电压电阻复习"教学

一、背景

儿童是天生的学习者！物理新课程实施要求要在物理教学中激发学生积极主动参与学习，发展学生的自主学习能力。我们在实际教学中要从学生的实际出发，激发学生的学习天性、生命潜能，充分利用各种教学手段，特别注意利用课堂教学让学生充分展示自我，利用发展性评价等激励学生积极主动自学，就能激发学生的学习潜能，调动学生学习的积极性，这样可收到事半功倍的教学效果。

"电压电阻复习"的教学，要求学生能把所学知识梳理、归纳并灵活应用于实际解决问题，很适合通过课前设疑激趣来激发学生主动归纳、总结知识，课堂上利用理论知识来探究、解决实际问题，展示探究成果，师生共同赏识，从而促进学生自学能力的提高，发展学生的自主学习能力，顺利地实现新课程目标。

结合教学内容和现阶段所教学生(城乡接合部的普通初级中学普通班学生)的实际，本节课教学采用"问题导学—展示自我—共同赏识"的探究教学模式，是一节普通的复习课。

二、问题的提出

在旧课程理念下，物理知识的复习教学总是教师先总结归纳、讲解例题，然后学生再应用练习，知识以及解题技巧由教师直接灌输给学生，使学生形成思维定式，束缚了学生的思维发展。长此以往，这种不良的思维教育方式会导致部分学生对所学的知识或视而不见，或懒于梳理，更不能把所学知识应用到实际探求科学真理的过程中，无法提升求知欲，失去了主动探究、主动归纳、进行创造思维、追求知识的强大动力。为了改变这种不利于学生发展的复习教学模式，我在《课程标准》的理念指导下，从生本教育出发，课前巧设问题，引发学生丰富联想，引导他们对所学知识进行自我归纳。然后，我在课堂教学中积极创设情境，利用各种方式让学生自我展示、汇报，特别是展示对知识的归纳总结以及应用情况的理解，引导学生互相考查，共同赏识。我充分利用发展性评价，唤起学生的求知欲，激励学生主动探索、梳理、归纳知识，达到既培养学生归纳知识的能力，又培养学生的创造性思维能力，进而培养学生的情感、态度、价值观的目的，促进学生自主学习能力的全面发展。

三、问题的解决

（一）组织教学

教师检查学生的预习情况。

（二）引入课题

教师在"电压电阻复习"这一课题的教学中，确定课题以后，在课前明确提出了每位同学必须完成的预习任务（投影幕上显示）。

①在我们学过的电压电阻这部分知识中，你觉得哪些知识需要我们掌握好？它们有什么联系和区别？有什么重点和难点？有哪些方面的知识可应用于实际？请你按照自己理解以及思路，梳理、归纳好知识，并在纸上或利用计算机等做成课件、网页等，准备好后在课堂上和同学探讨、交流。

②你能够根据自己对这部分知识的归纳和总结，找出相应的有代表性的题目来考查同学吗？若可以，请在课堂上提问考查。

③你能通过实验来展示自己对这部分知识的理解与应用吗？若可以，请准备好在课堂上演示，和同学交流、分享。说明：可两个或两个以上的同学组成一组完成。

④复习过程中你遇到过什么难题？是否需要帮助？若有，请提出。

⑤在准备本节课的复习过程中，你最深的体会是什么？

生1：回答问题①。

生2：回答问题②。

……………

学生争先恐后举手发言。

教师逐一点评、及时表扬："你们都做了充分的准备，课前预习很认真！"

(三)进行复习

师：从你们交上来的预习作业来看，你们对这节课做了精心的准备，下面有请你们的代表向全体同学进行汇报。哪位同学先上来？

学生争先举手。

教师选取了两个学生代表把自己的作业用实物投影进行现场展示、归纳、讲解。

生1：我家里还没有计算机，我就利用实物投影机将自己在作业本上归纳的知识向同学们讲解一下。

学生1利用知识分解图，将自己所理解的电压电阻部分的知识做了划分和归纳总结，并向全体同学和教师做了讲解说明。由于理解透彻，讲解清晰，该学生得到了全体同学和教师的掌声及肯定。其他同学跃跃欲试。教师的激发与鼓励恰到好处。

生2：我也来说一下。刚才那位同学已经归纳得很好了，我也有我的特色，我们复习的时候可以画出有关的电路图来帮助记忆。我画出了电压表在电路中正确连接的电路图，根据电路图我们对电压表的连接使用要求一目了然。还有，前面的同学对于这部分的实验探究，只是归纳了串联电路电压关系的探究结果，不够全面。其实利用这部分的器材和知识，我们还可以探究并联电路的电压关系，它的关系就是并联电路各支路两端的电压相等，关系式是 $U_1 = U_2$……

学生掌声响起。

师：用图表法帮助记忆理解，这位同学归纳得更有特色，很好！我们在学习过程中，要特别注意采用适合自己的学习方法，还要借鉴别人的长处，取长补短，才会有提高，知识才会掌握得牢固。我相信，下面汇报的同学会更有自己的特色。现在再找几个小组的同学上台来汇报，有哪几组同学愿意上来，请举手。

学生纷纷举手。

生3：前面两位同学归纳得都不错，但我的归纳你们更容易接受。这是我的归纳……

学生利用计算机多媒体，演示自己所做的预习课件，一边展示，一边讲解自己对这部分知识归纳和总结的结果。课件图文并茂，很有吸引力，知识梳理清晰，看法独到。

生3：最后，在这里我想当一回老师，考查一下你们。这是我收集到的有关电压电阻的部分练习和实验题，你们先思考一下，看哪位同学能上来完成？……下面有请林同学来完成。

林同学作答，学生3做了恰当的评价。小老师的表现赢得了掌声和肯定。

师：这位同学很会动脑筋，课件做得不错，考查也很有水平，我相信你们应该还有不少这样的归纳课件，下面有请下一位。

生4：这是我对这部分知识归纳的课件……虽然我水平所限，做不出实验课件，但我也想考一下老师和同学们，这是我收集到的考查题，请同学们和老师思考之后回答。

学生思考后争先举手。

生5：我来回答……

学生5回答不正确，又有一个学生补充回答，最后，学生5在讨论之后找到了正确答案，得到了掌声鼓励。

师：同学们这么踊跃，看来，我都没机会接受你们的考查了。下面还有哪位同学来汇报、考查？

生6：我来考查。我先汇报我的总结课件……这是我找到的考查题，请你们回答。

关于导体的电阻，下面说法正确的是（　　）。

A. 加在导体两端的电压越大，导体的电阻越大

B. 通过导体的电流为零时，导体没有电阻

C. 通过导体的电流越大，导体的电阻越小

D. 导体电阻的大小取决于导体的材料、长度、横截面积，还与温度有关

生7：我回答，选C。

生6：不对……应该选D。

学生6做了详细讲解。全体同学掌声鼓励。

师：你们总结得不错，各有特色，考查也很有水平，下面看一下我的总结能不能赛过你们……

教师一边演示自己的图表课件，一边归纳知识，让学生比较掌握，特别注意了复习重点知识的归纳和难点知识的解决。

（四）巩固、应用

师：你们已经考查过我了，现在我也要考一下你们，相信你们比我还要棒！

1. 下图中的电压表中，甲应看＿＿＿＿＿＿＿面的刻度，每小格是＿＿＿＿＿＿＿，示数是＿＿＿＿＿＿＿；乙应看＿＿＿＿＿＿＿面的刻度，每小格是＿＿＿＿＿＿＿，示数是＿＿＿＿＿＿＿。

甲　　　　乙

学生思考之后回答，教师分析、肯定。

2. 按照图甲中的电路图，将图乙中的元件连成电路（用笔画线代替连接用导线，连接线不要交叉）。

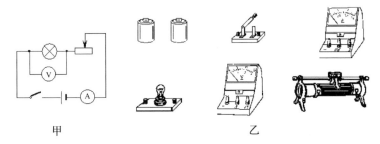

甲　　　　　　　　　　　　乙

学生讨论研究之后请两位学生上台连接实物，其余的学生同时在所提供的复习资料中用铅笔连线完成，之后，教师将学生所做实物连接利用实物投影和同学一起分析。

师：这两位同学连接得对不对？……我们一定要注意，电路连接时，为了避免出错，提高效率，要沿着电流的方向，从电源外部的一端（＋极）连到另一端（一极），不要从中间某个元件连起。闭合开关灯都不亮，是不是这两位同学连错了？

生：不是。

师：哦！实验前滑动变阻器要移到阻值最大处。我们移动变阻器滑片减小电阻，看怎么样。灯亮了！你们真聪明！

…………

最后，师生共同对本节课所复习的知识进行了总结，教师布置作业，总结这节课的学习方法，并进行课后探究。

师：从这节课我发现，你们的自我归纳、主动学习能力真强！你们真棒！

（五）教学监控

教师在教学过程中，边归纳边检查，根据检查到的情况及时调整教法，做足补救措施，提高了课堂教学效果。课堂上及时运用竞赛、表扬等手段，让学生互相赏识，共同分享学习成功的喜悦，从而激发学生主动参与、主动归纳、积极汇报，提高了学生的学习效率。最后，教师要求学生将归纳的知识在课后继续加强针对性探究、理解，并要结合日常生活实例加以练习，增加运用。这样，教师就帮助学生巩固了本节课所学知识，深化了知识的理解和运用，极大提高了学生的自主学习能力。

第七章

香远益清——木铎清音引风雷

一、竞相成才——学生创新发展的自主发展成果

在自主发展氛围中，学生具有了超前发展的意识，积极自主创新，勇于发明，不仅学习成绩全面提高，而且科技创新能力全面发展。同学们积极参加各级青少年科技创新大赛，共计获国家、省、市、区级奖项203个，学生主动将发明成果申请国家发明专利，其中12人次6项成果获国家知识产权局发明专利，创白云区初级中学先例。学生参加2011年广州市首届综合实践活动优秀学生成果赛获一等奖第一名（初中），广州市青少年科技创新大赛科技实践项目获一等奖并名列全市第一名。在第30届广东省青少年科技创新大赛、第30届广州市青少年科技创新大赛中，李建荣同学荣获金奖和专项奖。在第30届全国青少年科技创新大赛中，李建荣同学荣获银奖。在全国第11届宋庆龄少年儿童发明奖科技大赛中，李建荣同学荣获金奖。在全国第13届宋庆龄少年儿童发明奖科技大赛中，沈迪莹同学、乔晋华同学荣获铜奖。他们均受邀到国外参赛。在首届广州市科技小达人电视大赛中，李建荣同学、吴俊宣同学均获一等奖（全市只有13名），广东电视台、广州电视台、上海电视台相继报道。这开创了农村、城郊学校学生科技获最高奖的历史，学生创新能力名列市、省、国家同类学校前茅，真正做到了早成材。

（一）学生乐于发展，个人自主发展获嘉奖

学生在创新物理教育的教育环境中，自由翱翔，自主发展，健康成长，多人次获区级、市级、省级、国家级奖项。

"健心、创新、发展"是好学生成长的追求
——"好学生"李建荣事迹材料
广州市白云区石井中学

李建荣，石井中学九年级（6）班班长（2015届），学校国旗班班长，

学校学生会、学校红帽子志愿队主要成员。热爱祖国，关心社会，品德优秀，甘于奉献，乐于创新，成绩优秀，全面发展，是一名能彰显现代青少年勇于创新精神与特征的好学生。被评为学校三好学生、优秀学生干部、优秀共青团员、文明之星、创新之星。多次荣获区、市、省、全国青少年科技创新大赛及学科竞赛一、二、三等奖，创城郊接合部、农村中学生科技获奖纪录。曾荣获全国第 11 届宋庆龄少年儿童发明奖金奖，第 30 届全国青少年科技创新大赛二等奖，第 30 届广东省青少年科技创新大赛一等奖，第 12 届、第 13 届广东省少

李建荣同学获第 11 届
宋庆龄少年儿童发明奖金奖
（左为辅导老师张耀佳）

年儿童发明奖一等奖，第 30 届广州市青少年科技创新大赛一等奖，广东广雅中学校长创新奖，第 3 届广州市青少年科技创意与发明大赛一等奖，第 4 届广州市青少年科技创意与发明大赛一等奖，首届广州市科技小达人电视大赛一等奖，等等，成绩名列区、市初中学生前茅。

1. 崇健身心，品德高尚，自立自强

热爱祖国，关心社会，关爱社区，积极修炼思想与品德，自觉健全道德品质，努力健全自身身心发展。经过多年学习与修炼，不断提高个人修养，逐步养成良好品格，形成了独立自强、自主创新、关爱社会、乐于助人的个人道德品质。

乐观，热情，富有爱心与责任感。积极参加社会和学校的公益活动，是社区、学校的小志愿者，热心帮助社区的老人和学校同学克服生活以及学习中遇到的困难。每年到石井敬老院探望、慰问老人，为老人们做力所能及的事情。作为学生会主要成员，组织、参加校内外的学雷锋活动，多次参与校内学雷锋义卖活动，将所得款项资助需要帮助的老

人和小孩以及家庭有困难的学生。

(1)关爱社会，乐于助人

为人正直，遵守社会公德，待人真诚友善，积极带头参加各种社会公益活动。关心社区建设，热心为社区老人、居民服务。其中，在每年参加的学校义卖活动中，作为志愿者，他积极动员同学参加活动，认真组织、布置场地，当"小卖家"出售物品。活动中，他认真负责主持竞拍，营造活动热烈氛围，保证义卖活动完满完成。同时，他利用课余时间，主动和教师、同学一起到石井敬老院探望慰问老人，与老人聊天谈心，给老人们带来精神慰藉。活动结束，老人紧握他的手，谢意连连，邀约下次再来。

(2)关心学校，服务同学

关心学校卫生、校园环境建设，处事认真负责，管理组织能力强，办事效率高。作为班长、团支书，他热心做好校团委、学生会等工作，关心学校卫生、校园环境等建设，积极为学校、为同学服务。帮助生活不便的同学打饭、上下楼梯，主动辅导学习有困难的同学，做好每周学校值日生的检查督促工作，帮助不同班级的班干部做好班级管理，促使同学们共同进步。起到表率作用，受到教师的好评、学校的肯定和同学们的欢迎。多次被评为学校优秀学生会干部、班干部，受到表彰。

2. 能力出众，爱好实践，乐于创新

具有独特的人格魅力、超强的学习能力、出类拔萃的学习成绩和组织能力。热心参加社会及校园的实践活动，积极参与科技创新活动，实践以及科技创新活动成绩突出。

(1)学习自觉，成绩优秀

努力进取，虚心好学，经常向教师请教问题，下课时喜欢和同学讨论、研究问题，善于发现问题、探究问题，上课积极发言。充分发展探究能力、分析解决问题能力，从而提高了综合素质与能力，学习成绩名列年级前茅。

（2）热心实践，反馈社会

热心参加学校综合实践及社会实践活动，并将活动结果及时向有关管理部门反映。主动进行居住小区安全、环保状况调查。组织同学参加学校周边道路、斜坡安全与环境建设调查等，并及时向学校以及校园周边的有关管理部门提出合理建设意见，实践活动收到很好的效果，受到学校和有关部门的肯定与表彰。

（3）乐于创新，省内闻名

积极参加科技创新活动，善于发明制作能改变生活安全与环境状况的作品，为建设和谐社区出力。从八年级开始，主动参加学校科技社活动，作为学校科技社的主要成员，在辅导教师的指导下，带领小组成员进行调查、研究、创新，每年都有新作品、新发明，并年年获市级、省级、国家级青少年科技大奖，名列市、省前茅。

3. 全面发展，超越自我，不断提高

爱好广泛，不骄不躁，超越自我，发展全面，成绩突出。

体育成绩优异，多次参加校运会长跑比赛并取得好名次，为班、校争光。

爱好音乐，表演能力强，擅长担任音乐指挥，节奏感强，手脚协调性好，在学校"红五月"和"元旦文艺汇演"等音乐节活动中表现突出，并获得"最佳指挥奖"等。

美术创作能突出专长，乐于在作品中体现自己的创新思维和技术，积极参加学校、区的美术比赛，在区美术比赛的灯笼制作比赛中获奖。

积极参加实验操作比赛，参与探究实验，参加学校学科周活动，物理、化学等实验操作比赛获奖，获白云区化学大晶体制作比赛奖等。

积极参加实践活动，特别是区教育局、学校、社区组织的环境调查、夏令营等活动，并获得区最佳营员、最佳活动成果汇报表演奖。

当好学校学生活动主持人，主持过许多活动，参加了白云区环保演讲大赛，取得一等奖的好成绩。

班主任点评：

李建荣同学七年级入学时成绩和能力排年级中游，八年级时学习成绩和能力有了质的飞跃，特别是到九年级毕业时能力、素质排年级前列，这都和他从八年级开始参加物理学习，加入学校物理科技小组密不可分。创新物理教育带来的不仅仅是学生成绩的提高，还是学生道德品质、创新能力，特别是个人整体素质的全面提高。李建荣同学充分展示了当代中学生积极向上的精神风貌，是一名品格高尚、自信自强、乐于创新、全面发展的当代优秀中学生。

(二)学生综合发展，创新发展获大奖

学生示范引领，共同创新，共同发展，屡获创新大奖。

城中村用电线路安全及超负荷问题的调查研究①

广州市白云区石井中学　袁芷薇

指导教师　张耀佳

摘要：现在，每年、每月在城中村中都会发生由电线短路、老化而造成的火灾、触电事故，尤其是老住宅区中的城中村，由于房屋、线路多年失修，而且过去选用的导线较细，而近年来家庭用电量剧增，再加上个别用户私接电器、乱拉电线，电线长期在满负荷和过负荷下运行，加速了线路绝缘的老化，增大了事故的发生概率。现在，仅广州市城中村一年由电线老化而引发的火灾事故就高达40起。本文就此现象及其危害防止进行了调查研究。

1. 问题的起因

随着我国经济的快速发展，越来越多的城中村用电安全问题日渐突出。这些城中村由于存在时间长、年久失修，电线老化问题，特别是安全用电问题层出不穷。人们安全用电意识的淡薄更是安全事故发生的一

---

① 该调查获第28届广州市青少年科技创新大赛最高奖——市长奖。

大缘故。在人们的生活水平不断提高，大功率家用电器深入人们生活的同时，城中村的细旧电线正承受着巨大的压力，再加上个别用户私接电器、乱拉电线，大量的用电需求使电线长期在满负荷和过负荷下运行，加剧了电线的老化，导致了很多事故，带来了不可挽回的损失。为了避免这类安全事故的发生，我决定开展城中村安全用电调查，并将调查结果向有关管理部门反映，向社会公开，让人们更好地认识到身边的隐患，从而及早解决，避免危险伤害事故的发生。

2. 调查目的

为了避免城中村电线老化和个别用户私接电器、乱拉电线带来的电线长期在满负荷和过负荷下运行，杜绝电线的老化以及超负荷运载导致的安全事故的发生，消除因此而发生的人身伤害和经济损失，我动员同学和我一起开展城中村安全用电调查，特别进行电线老化、私接电器、乱拉电线的情况调查，及时把调查结果向有关管理部门反映，督促各有关部门加强管理，严厉打击违法用电现象，从而避免超负荷等危险伤害事故的发生，为建设安全和谐的社会出力。

3. 调查时间和方法

(1)时间：2011 年 7 月 1 日至 2012 年 9 月 20 日。

(2)调查方法：①制订调查计划；②到图书馆查找有关资料、上网查找资料(查找资料法)；③访问村和社区负责人、教师，走访居民、行人、店主，访问相关部门以及相关执法人员(访问法)；④选取白云区石井街张村和新庄等村进行调查，在同学、居民中进行问卷调查(调查法)。

(3)调查辅助工具：相机、笔、笔记本等。

(4)调查流程：①发现问题、查找资料、了解问题；②制订调查计划，设计调查表格、问卷；③实地调查，派发、回收问卷；④统计分析调查数据；⑤研究、解决问题，并及时向有关管理部门反映。

4. 调查结果

我请教了老师，从图书馆和网上查找了有关资料，设计了有关城中村乱拉电线、电线老化、超负荷用电情况等用电环境和用电状况的调查表，充分发挥同学、家长和居住地居民的作用，及时采访石井街张村、新庄和槎头阳光花园等村的社区干部、居委会工作人员，做了详细调查。活动后，我及时汇总数据，并做好了有关数据的统计工作。

（1）现在广州市共有10个区，分别是越秀区、海珠区、荔湾区、天河区、白云区、黄埔区、花都区、番禺区、南沙区和萝岗区，而有城中村的区有5个，均是老城区，即天河区、海珠区、白云区、荔湾区、黄埔区，共138个"城中村"，占广州区域的50%。

（2）广州市统计局公布的第六次全国人口普查主要数据表明，截至2010年11月1日零时，广州市的常住人口为1270.08万人，其中广州市城中村容纳了300万人。

（3）表1：由回收的调查表统计可得出广州市城中村电线的寿命范围。一般的，我国的电线使用寿命为10～20年，而城中村电线的寿命大部分在10年以上，15年以上的占50%，由此可见，城中村的电线老化问题十分严重，安全隐患巨大，应引起重视。

表1　广州市城中村(张村)电线寿命使用情况(共调查40条街巷)

使用时间	电线数量/条	占比/%
0～4 年	5	12.5
5～9 年	6	15.0
10～14 年	9	22.5
15～19 年	12	30.0
20 年以上	8	20.0

(4)调查到的相关链接。

1.《广州日报》2012 年 7 月 2 日——《火灾 603 起致 3 人死亡》

　　2012 年 6 月 28 日下午，东莞市召开会议，分析并总结全市 2012 年上半年消防安全形势，全面动员部署下一阶段消防安全保卫工作。市消防局局长沈奕辉介绍，今年以来全市共发生火灾 603 起，造成 3 人死亡，2 人受伤，直接财产损失 5616 万元……从起火现场看，住宅火灾 134 起，厂房火灾 118 起；从火灾发生的时间看，下午 2 至 4 时为火灾高发时段。此时段，工作时间用电量增多，电路荷载增加，极易发生火灾。另外，电气火灾、用火不慎是引起火灾的主要原因，电气引起的火灾 277 起，占总数的 45.9%；用火不慎引起的火灾 47 起，占总数的 7.8%。

2.《羊城晚报》2012 年 2 月 8 日 ——《城中村出租屋火灾》

　　7 日上午 10 时 39 分，广州大道南海珠区西碌村北大街 11 号 5 楼发生火灾，幸未造成人员伤亡。据介绍，火灾疑因电线短路引起。

　　据目击者称，起火地点是城中村内一栋 5 层居民楼 5 楼的出租屋，是楼下一个作坊的工人宿舍，起火时工人都去上班，屋内无人。

　　火灾发生后，村内治安队员自发抢救，由于缺乏器具，还是要报警求助。据参加灭火的消防员介绍，起火点位于厨房和卫生间内，屋内床铺未受到大火波及，屋内玻璃窗的玻璃均被大火烧至爆裂。约 10 分钟后，火灾被扑灭。据统计，过火面积约 10 平方米，部分墙皮被烧脱落和熏黑，火灾疑电线短路引起，卫生间的杂物被引燃后火势蔓延到厨房。

3.《羊城晚报》2011 年 11 月 29 日——《电线短路导致仓库起火》

　　28 日 8 时 58 分，白云区同和新庄村桂圆街 3 巷 2 楼发生火灾，幸未造成人员伤亡。据介绍，起火地点是一间民房改成的仓库，里面储存了各种汽车零配件。附近居民介绍，消防员赶到现场后，发现汽车零配件属于易燃物，正处于初起燃烧阶段。大约一个小时后，大火被扑灭，起火原因怀疑是电线短路。

　　从这些新闻报道中可以看出，现在的火灾事故还是不少的，而城中村是火灾发生的高危地区。据调查，在这些火灾事件中，有六成左右是由用电不慎和老旧电线短路而引发的。因此，解决城中村的电线问题刻

不容缓。

（5）综合问卷调查：共派发调查问卷 1349 份，有效回收 1221 份，制作表 2，调查表附于最后，以供参考。

表2　城中村用电安全隐患知多少调查表

了解程度	人数/人	占比/%
不知道	593	48.6
有点模糊（了解一点点）	445	36.4
知道	183	15.0

由表 2 可知，城中村居民对于自身的用电安全以及生命安全意识有待提高。只有加强有关安全用电知识的宣传和教育，居民才能对身边的安全隐患及时处理，避免安全事故的发生。

5. 分析调查结果

（1）现在的广州市城中村虽然分布面积广，但实际占地面积少，可以说是城市的一块"夹缝地"，而人口多，这必定会造成一系列社会问题。

①城中村治安不好，人口杂乱，乱拉电线、偷接电线等行为时有发生，违规用电事故频发，这也会造成人员伤亡，进一步加剧电线问题的热度。

②城市规划滞后，城中村违章建筑相当集中，"一线天""握手楼""贴面楼""风景独特"，造成居民楼间隙小，发生火灾后容易牵扯他人和其他楼房，安全隐患极大。

③城中村基础设施不完善，各种管道、电线杂乱无章，严重老化，存在严重消防隐患。所以说城中村不仅影响城市的美观，也阻碍城市化进程，制约着城市的发展，成为困扰许多城市发展的"痼疾"。

（2）分析表 1 我们可发现，城中村的一部分电线超过了使用年限。一般电线在正常情况下可使用 10～20 年，绝缘主要靠外面一层不导电的材料，时间一长，受到腐蚀性气体的腐蚀（油烟）或一些环境的影响

（下雨、打雷、城中村密集的楼房、卫生条件等），绝缘性能逐渐降低、老化变硬，发脆或脱落，这时就不起绝缘作用了。

随着近年来家庭用电量剧增，城中村的导线长期在满负荷和过负荷下运行，更加速了线路绝缘层的老化。在新庄、大岗等村的实地调查中，我发现许多电线外层绝缘体已经脱落，看到了里面的金属线，且与居民楼挨得很近，电线上常有晾晒衣物、塑料袋，下雨天时会有积水，很容易发生触电事故，或电线短路引发火灾，危及生命。

（3）从调查到的相关链接和综合问卷调查看，近年来城中村的火灾事故数居高不下，而六成是由电线引发的，主要原因是人们安全意识淡薄，对电线安全不了解，乱接乱拉电线，或因电器或生活用火不慎引发火灾。

城中村内多居住着收入低微的外来务工人员，他们为了省钱，纷纷私拉电线，这样会造成接头接触面积小、电阻大、热量高，一旦线芯放出的热量使绝缘层的温度超过 $250℃$，电线就会着火；还有一部分人因不懂操作，一个接线板插多个插头，使之温度过高，电线短路，从而导致火灾。

（4）在当地做实地调查时，我发现大部分当地居民对身边的安全隐患毫不知情。他们每日与危险共住，却有 85% 的人都不太在意，实在让人担忧。

6. 对比显效

（1）未改造的城中村景象

①从在石井街张村调查时拍摄的照片（照片略）中可看出，此处的电线横七竖八，电线、宽带线互相交错，形成让人眼花缭乱的线路网，并且，线路网与居民楼挨得很近，又有"贴面楼"与"一线天"。若发生事故，连带后果不堪设想。

②从在石井直街调查时拍摄的照片（照片略）中可看出，长短、粗细不一的电线围绕路灯如蜘蛛网般交错，不远处还有一两根电线在风中摇摇欲坠，实在让人心惊。这里若短路或发生火灾，受牵连的居民不少于百户。

(2)已改造的城中村景象

①从在石井新街公路调查时拍摄的照片(照片略)中可看出,石井新街一处公路的旧街已经过改造的电线整齐、服帖,电线杆笔直地"站"在两边,让人赏心悦目,安全指数也高。

②从在石井镇河边新街调查时拍摄的照片(照片略)中可看出,街边两排的电线被扭成一条电线柱,电线稳固、美观、结实。

从以上实地调查中拍摄的四张照片可以看出,电线的整齐与混乱给人的感受是不同的,不仅如此,电线布装拉设的混乱还存在很多安全隐患,如火灾、触电等,而电线整齐拉设则可避免这些危险事故的发生。因此,要想我们生活得更好、更安全,电线的布装拉设十分重要。

7. 建议

(1)我国有关用电管理部门应加大监察力度,尽快给出方案以改变城中村的用电现状,让人们远离危险,让城市变得更美观,同时也可推动城市化进程,加快城市的发展,改善或处理困扰许多城市发展的"痼疾"。

(2)若暂时未能改变城中村不规范用电的现象,应加大监管力度,尤其是老住宅区中的城中村,为了避免电器引发火灾、触电事故,有关部门应定期开展线路安全检查,及时发现、尽快更换老化、超负荷的线路。对电线、电器设备等每年至少要请专业人员全面彻底检查一次,特别是接头部位使用年限较长的线路,如若发现电线老化、破损、绝缘不良等不安全情况,要及时维修更换。这样才能从根本上保证用电安全。

(3)作为一名合格的公民,我们应该坚决履行法定义务,做到依法行事,不为了一己私利而私自拉线,不在电线上晾晒衣服,不从楼上扔垃圾。别的市民如发现类似情况,可拨打95598投诉或拨打110报警,供电局要安排辖区供电所查明并责令整改,公安部门要依法惩治违法者。

(4)各小区、街道干部应定时深入社区,走访街道,开展一系列安全用电宣传活动,大力改善人们的思维,让大家知道"电猛如虎"的道理,从而关注身边的安全隐患,及时处理,以避免灾难的发生。

8. 我的创新点

从以上的调查可充分看出电线安全问题应该及早处理，对此，我想到并制作了一个"电路私接电线自动报警及保护系统"，能很好地解决用电安全监管的问题，它能很好地保证居民用电和生产用电的安全。

此报警器利用物理学中的电磁继电器原理制作而成。此报警器可直接接入电路中或重新拉线接入，可接在房间内或室外。该系统的工作原理如下。

（1）电路正常工作时，电路正常工作指示灯——绿色指示灯亮，表示没有人私自乱拉电线、私接大功率用电器，电路没超负荷（负荷值在原来安装电路时已设定好），见图1。

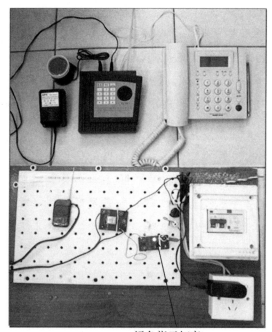

绿色指示灯亮

图1　电路私接电线自动报警及保护系统工作过程1

（2）有人私自乱拉电线、私接大功率用电器，造成电路超负荷（可按下断路器的试验按钮试验），由第一个电磁继电器做成的电路超负荷自动断路器断路，和总电路连接的变压后低压稳压电源同时断路，利用变压后低压稳压电源工作的电路正常工作指示灯——绿色指示灯立即熄灭，导致和电路正常工作指示灯（绿色指示灯）相连的第二个电磁铁断路，电磁铁失去磁性，对衔铁无吸引力。衔铁在弹簧的拉力作用下向上弹起，下面的动触点与上面的静触点接触，报警信号发射器电路接通，向外发出信号；同时，远处的报警信号接收器接收到信号，接通报警电路，铃响，铃响的同一时刻，系统自动报警电路自动拨通有关管理人员和安全管理部门的电话，及时自动报警（图2），有关人员接到报警信号后可利用手机遥控、现场遥控或现场直接操作切断报警信号。有关管理和维修部门、用户接收报警后就能马上进行调查，纠正错误，及时维修，可最大限度地避免用电安全事故的发生，从而避免人员伤亡和经济损失。

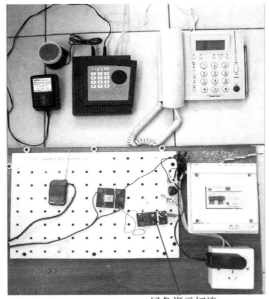

绿色指示灯熄

图2　电路私接电线自动报警及保护系统工作过程2

我们把完善后的系统设计成品提供给附近居民、村民安装使用，还提供给当地村委和社区用电、居委管理部门试用，效果良好。希望当地

145

村委和社区用电、居委管理部门大力推广，使系统能早日发挥更大的作用，保障居民的用电安全，杜绝违法用电现象。

9. 体会

通过这次调查，我学到了很多知识，认识了城中村各种用电安全的问题，更加认识到用电安全的必要性和科学性。我知道，我们生活在社会里，就要自觉遵守各项社会安全规则，为争创安全和谐的社区出力。我更加学会了关心社会、参与实践，学会了关心别人、互相帮助。

我感谢指导老师，感谢他给我一次拓展的机会；我感谢家长，感谢他们的支持和帮助；我更感谢帮助过我的每位同学，感谢他们的辛勤劳动和汗水。我和同学们更感到欣慰，我们的努力和汗水没白费！上交给村委和社区用电、居委管理部门的意见正逐步被采纳，人们的用电环境正越来越安全。

只要我们大家行动起来，共同关注身边的用电以及环境安全，我们的生活环境就一定会更好，广州一定会更美丽！

附：城中村用电安全隐患活动调查表

城中村用电安全隐患了解情况调查表

亲爱的叔叔阿姨、同学们：

你们好！随着近年来广州的迅速发展，城中村的安全用电问题日益突出，特别是电线老化及乱拉偷接问题严重影响居民的生命安全。现在，每年都有用电安全问题和事故在城中村发生，给人们的生活带来很大的危险。为了了解现代居民对于城中村的安全用电隐患的了解情况，我们进行此次调查，请把自己认为合适的选项填上，谢谢配合！

城中村安全用电调查小组

性别：_____   年龄：_____   居住地：_____

1. 对于城中村你了解多少？（   ）

A. 了解　　　B. 有点模糊（了解一点点）　　　C. 不知道

2. 你知道我们身边有多少安全隐患吗？（　　　）

A. 知道

B. 有点模糊（知道一点点）

C. 不知道

3. 你住的房子和家用电线已经多少岁（使用多少年）了？（　　　）

A. 0～4 年　　B. 5～9 年　　C. 10～14 年　　D. 15～19 年

E. 20 年以上

4. 你家的用电线路发生过安全问题（冒火花、短路等）吗？（　　　）

A. 有　　　　B. 不清楚，忘了　　　　C. 没有

5. 你认为自己家的电线使用安全吗？（　　　）

A. 安全　　　B. 不清楚　　　　　　C. 不安全

6. 你知道你家庭周边的电线的使用最大期限是多少年吗？（　　　）

A. 知道　　　B. 有点模糊（知道一点点）　　C. 不知道

7. 你知道你家电线的总额定负载（最大负荷）是多少吗？（　　　）

A. 知道　　　B. 有点模糊（知道一点点）　　C. 不知道

8. 你知道用电线路超过额定负载（超负荷运行）后会发生什么吗？

（　　　）

A. 知道　　　　B. 有点模糊（知道一点点）　　C. 不知道

9. 你家附近近年来有过因电线老化或短路引发的火灾吗？（　　　）

A. 有　　　　B. 不清楚，忘了　　　　C. 没有

10. 你知道电线故障导致火灾的灭火方法吗？（　　　）

A. 知道　　　B. 不清楚　　　　　　C. 不知道

11. 你家附近有没有偷接电线、私自拉线的违法事件发生？（　　　）

A. 有　　　　B. 不清楚，不知道　　　C. 没有

12. 如发现电线冒火花等用电线路安全事故，你会怎么做？（　　　）

A. 打电话报警

B. 断开家里的总开关

C. 不知道怎样处理

D. 立即断开家里的总开关，同时打电话给本区的线路管理部门处理

13. 如发现偷接电线、私拉电线等违法、违规用电现象，你会怎么做？（　　）

　　A. 制止并举报　　　　　　　　B. 制止，但不举报

　　C. 以眼神或语言制止　　　　　D. 无动于衷

14. 你记得线路故障和用电问题投诉电话吗？（　　）

　　A. 记得　　　　B. 有点模糊（记得一点点）　　　C. 不记得

15. 你对本区的安全用电状况满意吗？（　　）

　　A. 很满意　　　B. 基本满意　　　　　　　　C. 不满意

16. 你对本区的安全用电有什么建议？请简单说明。

二、发展示范——教师自主成长的特色发展之路

教师乐于实践，善于进取，注重专业发展，自主成长，积极向省市名师迈进。

（一）积极实践，勤总结

在我的引领下，各校教师围绕创新物理教育积极开展研究，参与创新物理教育成果推广实践，上好实验课，举行现场会，及时总结。教师所写的研究与实践推广案例、论文多次获奖，成果向市、省推广。研究成果上交给广东省教育厅、中国教育学会物理专业委员会，得到充分肯定。我和实践教师陈治锋、王淑莹等人所写的论文在《中学物理》《中学物理教学参考》《创新人才教育》《物理教师》《中学教学参考》《广东教学》等期刊上发表，参与编写的书在广东经济出版社、汕头大学出版社、新世纪出版社等社多次出版。

（二）奋勇争先，勇夺奖

教师辅导学生参加各级初中应用物理知识竞赛、青少年科技创新大赛均取得好成绩，86人次获区、市、省、全国学科、科技创新竞赛辅

导教师奖,5人次被评为广州市、广东省十佳优秀科技辅导员(园丁)。

(三)齐心协力,争先进

我带领科组创新科组建设,指导科组特色建设出成效。学校物理科2009年、2012年连续两届被评为白云区优秀科组、广州市优秀科组(全区初级中学唯一一所),我所带领的课题组被评为白云区科研课题研究优秀子课题组。我和实践教师协助组织区、市、省学科教师的新课程学习和培训,多次举办讲座、授课。同时,我紧抓青年教师的培养,促进青年教师迅速成长。青年教师多人次受区人民政府嘉奖并被评为区优秀青年教师,在科研和成果推广工作中起到很好的带头作用。

(四)专业发展,竞成名

教师乐于进取,促自身专业发展。广东省内应用成果的44位不同中学的教师均被省教育厅评为省物理骨干教师。佛山市三水区西南第二中学陈治锋被广东省教育厅评为新一轮"百千万人才工程"名教师培养对象,房永俊、马杰韶等走向学校领导岗位。我及陈治锋、黄新希等教师被评为白云区首届高层次人才(优秀专家)、区义务教育新课程实验先进个人、区优秀科研骨干教师、区优秀课题组组长。我带领科组被评为区优秀课题组,每一位成员都被评为优秀课题组成员。2010—2016年,我被广州市教育局聘为市中小学特约教研员,2012年被评为广州市基础教育系统新一轮"百千万人才工程"首批教育专家培养对象,培养合格,评定优秀。我亦被广东省教育厅评为省基础教育系统"百千万人才工程"名教师培养对象,培养合格,并被评为优秀学员;2012年被省教育厅评为省中小学教师工作室主持人,2017年被省教育厅评为新一轮广东省中小学名教师工作室主持人。2012年,我被省教育厅评为南粤优秀教师、省首批正高级教师。教师专业成长,在区、市、省小有名气。

以下为我获第30届全国青少年科技创新大赛科技辅导员创新项目

奖、第30届广东省青少年科技创新大赛科技辅导员创新项目一等奖的案例。

物理·社会·实践·创新
——中学物理知识创新应用实践活动

一、活动方案

(一)方案背景

1. 保护生活环境和人类安全,节约能源的需要

在现代社会,随着科学的发展,我们的工作、生活设施越来越完备,但随之而来的大量能源浪费、环境污染以及人身安全问题,给我们带来了无穷的烦恼,它们随时威胁着人类的生命安全以及地球的良性运转。节约能源,保护环境,成了我们现代人面临的重要课题。为了做好节约能源及人类生命安全、环境的保护工作,建设一个低碳环保的社会,就必须积极开发、利用新能源,在工作、生活中做好各项安全预警工作,特别是做好环境安全预警工作。这就要求我们人类必须时刻警醒自己,一切活动、生产都要做到低碳、环保,特别要能做到环保节能、自动安全保护,这样才能保证地球环境良好、人类生活质量提高。

中学物理学习内容包括声、光、热、电、力学等内容,涵盖各方面环保知识和创新应用知识,这些内容和我们当今急需进行的能源节约、环境保护与污染治理紧密关联,而中学物理学习注重的是动手实验、自主探究,这就需要我们在物理教学中开展科技教育,特别是在科技活动教学中引导学生结合物理学习内容与学习特点,开展实践探究活动,将学到的物理知识应用于社会生活,认真实践,积极创新,把学到的声、光、热、电、力学等知识应用于实际生活,创新设计、制作出预防、治理各种环境污染,保证人类生活质量和出行安全的各种预警系统与仪器,找寻出节约能源,特别是科学开发利用环保能源的新方法,保证人类在地球上能健康、安全地生活,更加保证地球健康运转。

地球环境以及出行安全关系地球上的每一个人,如何科学利用能源,做好环境安全预警,治理噪声、光、热、废气等污染,减少以及杜

绝各种环境污染和危险伤害事故，是当今社会面临的重要课题。为了拯救地球，保护人类赖以生存的环境，保证人类生活质量，更为了保证人类社会的可持续发展，我们选择了本课题开展研究。

你我携手，共创低碳、环保、安全社会，建设美好地球家园！为此，我校组织了中学物理知识创新应用实践活动小组，对学校和家庭周边的能源浪费、各种环境污染及安全问题进行调查研究，重点对学校、居住地周边的小区、工厂、院校及交通道路的能源使用、环境保护以及生活、生产、交通安全情况进行调查研究，积极找寻污染预报系统，运用学到的声、光、热、电、力学等物理知识，创建科学管理小区、工厂、道路环境和安全的新方法，创新制作环境、道路安全自动报警系统和科学利用新能源的作品，实现污染和危险自动报警，节约能源，一起争当人类环保、安全预警的"使者"和低碳环保小达人，为治理和防止环境污染出力，保障人类安全、健康生活。

2. 创新实践活动与中学物理课程——可利用的课程资源

（1）节约能源、保护环境与我们息息相关，安全生活和生产与我们每个人都密切相关。

（2）物理知识学习的创新实践，既方便学生学习，又方便学生实践，更能激发学生进行防污治污实践探究，促进学生节能环保意识的提高和科技创新能力的发展。实践活动过程和学生学习物理知识的顺序一致，既可以提高物理学习效果，又可以激发学生主动进行科技实践的兴趣，提高中学生的创新能力，达到物理学习和科技创新能力全面提高的双赢效果。运用中学物理知识，开展节能及环境创新教育实践，是对学生进行环保教育与创新教育的好途径。

（3）低碳节能、环境安全伴我行。我们就居住在广州市城郊，随着经济的发展，汽车废气、污水、噪声等污染越来越严重，能源使用不当、交通违法行为等也时刻威胁着我们的生命安全和赖以生存的空间。家乡的道路、河流就在我们身边，调查受时间、环境等条件的影响少，便于学生开展调查，并且学生乐于参与、易于接受。

(4)利用声、光、热、电、力学原理来完成的环境与安全自动报警器、节能系统的创新材料用具身边随处可寻。学生可亲自享受这些成果,学生会主动参与,积极探究,主动创新。

(5)符合新课程培养学生的自主探究、自主实践能力的要求,师生都乐于参与。

(二)活动目标

(1)通过活动使学生明确:地球的能源是有限的,地球的环境污染越来越严重,为了保证人类能呼吸到清新空气,长期安全地开发、使用能源,保护人类赖以生存的地球环境,保障人类的生命安全,就必须及时做好各种安全预警工作,积极杜绝各种污染和危险的伤害,科学开发新能源,大力治理环境污染,管理道路交通,减少废气排放。只有建设低碳、环保、安全的地球家园,才能保障人类社会可持续发展。

(2)通过本活动,学生将在物理课堂上学到的声、光、热、电、力学等知识应用于实践,解决生活中的环境污染问题,提高节能环保意识,发展创新性应用物理知识的能力。

(3)活动中,学生亲自调查、考察与实验,并自主参与制作创新,体验课题研究的过程与方法,引起他们对社会、生活的关注,增强节约能源、保护环境资源的意识,培养负责任的社会态度,促进学生自我发展,健康成长,同时提高学生自主学习、探究问题的能力,发展学生的自主创新能力,并让学生在实践活动中形成合作精神,让学生从小就形成学科学、用科学、重环保、爱创新的良好习惯。

(三)活动对象:学校科技活动小组

1. 活动人数

八年级、九年级共 417 人。

2. 活动需求分析

(1)与区水利局、环保局、卫生局、白云区消防中队、白云区交警大队、石井街道居委会、石井大道周边村镇和社区管理部门等取得联系,方便开展活动。

（2）邀请华南理工大学、华南师范大学、广东第二师范学院、广州大学等院校的教授，广州市青少年科技中心的主任、部长，广州市白云区科技和信息化局专家、园林局专家、交警中队负责人作为指导专家，对活动进行指导。

（3）与学校行政部门取得联系，必要时在课时、经费、交通出行等方面给予帮助。

（4）与校医及时沟通，做好卫生安全保证工作。

（四）方案主体部分

1. 活动内容

（1）主要内容。

①根据物理课程教学内容安排，划分声、光、热、电、力学低碳节能、环境污染调查活动小组，按不同阶段的物理学习内容，分组进行噪声、废气、废水等环境污染预防与治理、新能源开发与使用的调查研究活动，保证学生能懂，感兴趣，主动参与。

②分组对学校、居住地附近的道路、住宅小区、酒楼进行新能源开发与应用调查，特别是进行空气、噪声、水源的污染以及自动报警情况调查，找出造成各种污染及能源浪费的原因（声、光、热、电、力学知识应用探究）。

③对学校附近的道路环境、行人行走、行车安全以及交通管理情况进行调查，找出造成交通堵塞、安全事故频发的原因（声、光、电、力学知识应用探究）。

④调查周边地区道路以及住宅小区的废气、废水、噪声等环境污染危险预报系统的建设情况，积极创新制作各种自动报警器，研究建立无污染、无危险的环境安全自动预警系统的好方法和好模式（声、光、热、电、力学知识应用探究）。

⑤找寻治理校园门前大道、居住小区周边道路汽车废气等环境污染的方法，共同探究减少道路交通废气污染的秘诀，提出改造、治理城市交通道路空气环境和安全的合理建议（声、光、热、电、力学知识应用探究）。

⑥分组考察校园、居住小区及周边道路、环境的新能源使用情况，运用声、光、热、电、力学等物理知识，初步设计适合学校、小区及周边道路、环境使用的新能源利用系统，为校园、居住小区及周边道路等开发低碳、环保、廉价新能源。

⑦倡议节约能源，保护大气、水、土资源，爱护环境，保护地球。

(2)活动方式。

①实地调查。对金碧小区、石井街、石井大道、石井河等进行实地调查，并取道路空气、河水进行化验；调查学校、周边小区、工厂、家庭、道路的能源使用情况，获取每月消耗能源数据，为提供改变能源使用方式的建议打好基础。调查学校周边地区、小区、道路的噪声、废气、废水等环境污染及危险预报系统的建立情况。

②采访市区、街道有关交通、卫生、环保部门的专家领导，反映校园、小区周边的空气、水资源、噪声等环境污染情况，咨询治理进度和治理目标；采访居住地的社区、城中村领导，反映有关社区、道路、酒楼的废气、废水、噪声等环境污染控制和合理改造的意见和建议。

③走访与考察。向街道、社区的长辈们了解校园周边道路、小区建设、能源使用以及石井河水源和两岸的变化，考察石井街交通道路，特别考察石井大道，等等。

④调查本校师生对节约能源，特别是对治理学校、社区周边道路废气、废水、噪声等污染以及道路交通环境安全科学建设的看法和参与度。

⑤到图书馆或上网查询相关资料。

⑥研究、创新。根据调查到的周边地区的环境污染及危险预报系统的建立情况和能源浪费情况，运用声、光、热、电、力学等物理知识，特别是电学知识，参与各种环境以及安全报警器的制作和创新，开发利用能源的好方式，创新制作各类环境安全自动报警器(系统)，创新制作廉价节能的新能源使用系统。

⑦分析、总结，写出报告或论文。

⑧申报发明专利，推广应用。将成功研制出的环保节能系统和环境安全自动报警器（系统）申报国家发明专利，向全社会推广，造福社会。

（3）活动难点、重点。

难点：①学校、小区、工厂、道路能源使用方式、使用效率的调查，住宅小区、河流、交通道路空气、水质考察化验、道路考察，调查采访时对有关专业术语、概念的理解，过大的调查面积。

②进行街道、工厂、住宅小区、河流、道路的能源使用、环境与安全科学建设调查时，被调查人员不配合。

③中学物理知识的综合运用，自动报警器创新制作技术的掌握。

重点：中学物理知识的综合运用，学校、小区、工厂、道路的能源使用方式、使用效率数据，小区、工厂、道路、河流、污染减少的方法和措施的获得，节能方式、道路和河流环境保护、交通安全科学建设方法总结，小区、家庭、道路、河流的环境安全自动报警器的创新制作，道路、家庭的环保节能系统的创新制作。

2. 活动时间

2013 年 9 月至 2015 年 9 月。

3. 活动过程和步骤

（1）根据物理课程教学内容安排，划分声、光、热、电、力学实践活动小组，按不同阶段的物理学习内容，应用所学物理知识，学生自主分组、自主选题、制订计划，进行噪声、废气、废水等环境污染预防与治理以及生活、生产中节能情况的调查研究活动。

（2）座谈、讨论：通过听取华南理工大学、华南师范大学、广东第二师范学院、广州大学等院校的教授的报告，与专家座谈，确立活动的主题及内容。

（3）进行调查、访谈：①按预先划分好的小组，调查学校周边小区、工厂、市场、家庭、道路的能源使用方式及使用量，周边地区相对应的社区、道路环境污染和交通安全、噪声污染、废水污染、废气污染危险预报系统的建立情况。②采访街道、区、市、省有关道路交通、卫生、环保部门的专家领导，反映学校周边小区、工厂、家庭、道路的能源浪费情况，以及环境污染和交通安全情况，咨询治理进度和治理目标。③采访居住地的社区、街道、居委会领导，调查社区、道路、酒楼的环境污染情况，反映改造、治理的意见和建议。调查学校师生、小区居民对治理噪声、废水、废气等环境污染情况和交通安全情况，以及对居住地周边地区环境污染、道路和环境合理改造及节能方式改造等的看法和参与度。④走访长辈们了解社区改造、污染治理、能源使用的变化。

（4）实地考察：（按声、光、热、电、力学实践活动小组）校园周边小区、工厂、市场、道路的环境状况和交通安全；周边河流、湖泊水质，化验水质；社区环境道路建设情况；社区、居住地周边道路噪声、废气等环境污染情况和交通安全情况；周边地区环境、交通污染危险预报系统的建立情况，周边地区、道路的能源使用方式以及新能源的开发情况。

（5）问卷调查：本校师生、周边小区居民对治理居住地附近的噪声、水质、泥土、空气等污染，环境、交通安全建设以及节约使用能源的看法和态度。

（6）学生小组分析调查资料，撰写调查报告、考察心得。

（7）倡议节约能源，携手保护居住地、道路的环境和水资源，爱护环境，保护地球，倡导你我携手，环保、低碳、安全生产和生活。

（8）各小组运用物理声、光、热、电、力学知识，创新制作各种环境、道路安全自动报警器（系统），制作适用于家庭、道路、社会的各种节能系统，创新使用新能源。

（9）向有关能源、环保、道路、交通、安全管理部门反映调查研究结果，推广成果。

（10）创新作品展示汇报。

（11）申报国家发明专利，推广成果应用效果。

（12）评价，总结。

主要活动计划安排见表1。

表1　主要活动计划安排表

（八年级两学年，九年级一学年）

进程安排	时间安排	具体活动内容	负责部门	主要负责者
第一阶段：专家引领，发动宣传	第一学期第1~4周	了解学生以往对科技实践探究活动的兴趣与参与史，吸引学生主动参与科学实践探究活动，调动学生参与活动的积极性。请校外的大学教授、专家进行节能、环保、安全知识等专题讲座，做好活动动员，为具体实践研究活动打好基础	教导处、科研中心	张耀佳
第二阶段：准备材料，制订计划	第一学期第5~7周	按学段和所学知识分组或学生自己选择分组，辅导老师准备学生（或学生自备）进行能源开发使用、水质、空气、道路污染及安全状况调查所需的材料，教导学生制订活动计划，做到有目的、有计划地实践、发明（活动时要思路清晰，计划必须具有合理性、科学性，不能急于求成）	科研中心，科技培训、综合实践科，物理科，化学科	张耀佳及陈建宇等各科组长
第三阶段：实施调查，积极创新	第一学期第8周~第二学期第15周	以小组为单位，分工合作，实施上一阶段制订好的计划，进行具体实际调查、实验检测、实验创新研究；学生将获得的第一手资料整理好，形成有特色且富有代表性和一定价值的报告，为汇报做准备	科研中心，科技培训、综合实践科，物理科，化学科	张耀佳及陈建宇等各科组长

续表

进程安排	时间安排	具体活动内容	负责部门	主要负责者
第四阶段：成果展示，向外推广	第二学期第16周～20周	手抄报、创新制作汇报展示，进行研究总结；进行全校学科周作品展示、科研小论坛沙龙等活动，学生互相交流；最后，完成调查、研究报告等总结，经验和结果向区、市、省推广，成果达到申请国家发明专利的，及时申报	科研中心，科技培训，综合实践科，物理科，化学科	张耀佳及陈建宇等各科组长
总结阶段	结束周	活动课题组总结活动过程，进行活动结题总结和成果表彰	教导处、科研中心	校长、张耀佳

4. 可能出现的问题及解决预案

(1)学生在调查过程中出现不理解测量量、术语等情况，如果时间不允许，就课外再查找资料解决。

(2)在学校现有条件下，学生对空气、废气、泥土、水质的化验难以详尽完成，只能粗略完成，希望能争取到有关部门或高等院校实验室的支持或寻求网络帮助。

(3)学生自行进行分析、总结时，学生综合知识可能不够，教师要多加引导。

(4)学生掌握新能源开发系统制作技术、环境和安全自动报警器制作技术的水平不一致，学生制作有困难时教师要及时指导，特别要指导自动报警器创新制作的关键之处。

另外，教师要根据突发情况，做好预防措施，灵活处理解决问题，有些一时难以解决的问题，鼓励学生在日后的学习中不断去探索解决，在解决问题中不断提高。

5. 活动结果及呈现方式

(1)活动照片、调查表格、调查取得的资料、分析总结等展示。

(2)活动心得与感受的交流。

(3)向全校学生、社区居民宣传"环境保护和节约能源与我们息息相关""你我携手，共创环保安全社区"等专题知识(利用手抄报和板报展示、广播等)。

(4)漫画、研究报告、论文展示。

(5)创新制作作品展示。

(6)把调查研究结果向有关环保、道路、交通、安全管理部门呈报。

(7)发明作品申报国家发明专利。

6. 评价标准

评价量表见表2。

表 2　评价量表

项目	评价内容	评价档次				自我评价	小组评价	教师评价
		A	B	C	D			
1	能自己制订有关采访、考察、调查计划，并能做到及时调整	熟练	能	基本能	不能			
2	能积极主动地去咨询有关专家、资深人员等，并能做好记录	极主动	能	基本能	不能			
3	能对记录的信息进行适当的处理	熟练	能	基本能	不能			
4	敢于提出问题，并能积极想办法逐步解决提出的问题	极主动	能	基本能	不能			
5	能小组合作解决问题	主动	能	基本能	不能			

续表

项目	评价内容	评价档次				自我评价	小组评价	教师评价
		A	B	C	D			
6	能将获取和创新的有效减少环境污染、保护环境、节能、科学使用能源和保证社区、道路安全的方法等活动成果向大家展示，交流	成果优秀并主动展示	有成果，能展示	有成果，不能展示	没有成果，不能展示			
7	能将自己的创新作品向大家展示，交流	作品优秀并主动展示	有作品，能展示	有作品，展示不科学	没有作品，不能展示			
8	能写出调查报告、制作报告，讲解清楚，答辩完整	报告精心，答辩精辟	有报告，能答辩	有报告，答辩不清	无报告，无法答辩			
总评	活动综合评价	优	良	中	需努力			

说明：学生、教师评价标准五项 A 以上为优，五项 B 以上为良，五项 C 以上为中，五项 D 以上为需努力。

在活动过程中，学生、小组互评后再到教师综合评价，各人写出活动心得、总结。最后，做好活动总结，进行表彰、奖励。

二、活动成功基础材料

活动成功基础材料是学生前阶段科技实践活动的初步研究（发明作

品)报告(物理电学、光学方面各一个),这些报告为我们这个方案的成功打下良好基础。

(一)电学知识创新应用实践报告(发明作品荣获国家知识产权局授予实用新型专利权)

石井大道交通安全问题的调查报告

广州市白云区石井中学　刘建宁、张明璐、程燕华、陈绮雯、黄嘉琪

指导教师　张耀佳

一、调查起因

曾经,一个坐落在广州市白云区石井大道旁的很不起眼的村庄——岑村,十分落后,到处是危楼破瓦。但是,随着社会的发展,岑村从落后变得越来越繁荣,越来越多的人来到这里生活、工作。几年前,甚至还有一路公交车——254 路把岑村设为总站。随着村子的发展,254 路不能满足村民的需求。于是,村民把目光投向了更宽、更快、更便捷的公路——石井大道的建设,期望大道的建成能更好地解决岑村村民和周边居民的出行问题。

岑村村委眼见当时的石井大道泥泞不堪、飞沙走石,是一条人、车都难行的路,就向有关部门提出了重建石井大道的要求。每个村民眼里的喜悦都不言而喻。在上级有关部门的支持下,经过几年的艰辛努力,石井大道终于顺利竣工,正式通车,村民们都欢呼雀跃。

这一天,我们走在回家的路上,正欣赏着石井大道两旁优美怡人的风景,不经意听到了几位大婶的对话,里面关于"石井大道"的字眼吸引着我们。于是,我们缓下脚步,仔细地听起来。本以为大婶们会夸一夸石井大道的宽敞、整洁、方便和安全,结果出人意料,她们说石井大道又发生了一起交通事故,一个年轻的生命又消失了。我们一听,心里一沉,很不是滋味,这样的事情并不是第一次发生,这样的情况应该引起人们的重视。

石井大道的交通安全怎么了？如何才能防止石井大道交通安全事故的发生，还生命安全于行人、乘客和司机呢？我们思考着。为此，我们展开了关于石井大道交通安全问题的调查。

二、调查目的

石井大道的诸多交通问题让途经的人担心，更让岑村的村民担忧。于是，为了让途经的人不再担惊受怕，为了让街坊们的出行不再有生命之虞，更为了能让石井大道变成石井一道安全亮丽的风景线，我们踏上了"石井大道交通安全问题调查"之路，借此向有关部门呈上我们的意见与建议。

三、调查时间和方法

1. 时间

2010 年 7 月 2 日至 2011 年 10 月 5 日。

2. 调查方法

(1)制订调查计划。

(2)到图书馆查找有关数据，上网查找数据(查找数据法)。

(3)访问老师，走访居民、行人、周边村民、厂主，访问相关部门以及相关执法人员(访问法)。

(4)选取石井大道路段进行交通安全问题的调查：在同学、市民中进行问卷调查(调查法)。

3. 调查工具

照相机、笔记本、笔等。

四、调查结果

围绕石井大道的路面建设情况、行人的数量、非机动车和机动车的途经数量、交通信号灯的质量及工作情况、交通管理情况等，我们按计划分头展开了详细调查。调查中，我们有的人负责派发调查表，有的人负责清点途经的车辆、行人数量，有的人负责观察记录交通信号灯的工作情况、行人遵守交通秩序的情况，还有的人负责拍照。活动后，我们及时汇总数据，并做好了有关数据的统计工作。

1. 调查途经石井大道岑村路口的行人、自行车和其他非机动车数量

表1是我们（上课期间请家长、村治安联防队队员）在两周内（8：00—12：00、14：00—18：00）所做调查统计数据的平均值。根据调查所知，石井大道途经的行人、非机动车数量在石井街属于数量较多的，岑村路口是行人交通繁忙之地。

表1　石井大道岑村路口每10分钟内途经的行人、非机动车数量

项目	途经的行人/个	途经的自行车/辆	途经的其他非机动车/辆
数量	101	21	7

2. 调查途经的机动车数量

表2是我们（上课期间请家长、村治安联防队队员）在两周内（8：00—12：00、14：00—18：00）所做调查统计数据的平均值。根据调查可知，石井大道是石井地区的货运要道，在途经的各种机动车中，货车数量最多。

表2　石井大道一段路（岑村路口）每10分钟内途经的各种机动车型数量

车型	大货车	小货车	客车	面包车	小轿车	公交车	摩托车
数量/辆	53	41	17	35	27	1	11

3. 调查石井大道10个路口交通信号灯的质量及工作情况

表3是我们在连续两个周六、日调查的结果。部分路口交通信号灯根本不亮、不工作的原因是有的线路损坏、有的线路设施被盗。有些路口交通信号灯部分不工作的原因则是线路维修和控制人员维修后没及时调整回原来的工作状态。

表3　石井大道10个路口交通信号灯工作情况调查统计

路口	第一个	第二个	第三个	第四个	第五个	第六个	第七个	第八个	第九个	第十个
灯质量	好	部分坏	坏	好	部分坏	坏	好	坏	好	好
灯工作情况	正常	部分不工作	不工作	正常	部分不工作	不工作	正常	不工作	正常	正常

4. 调查行人、居民对石井大道交通安全状况满意情况

表4是我们在连续两个周六、日上街派表调查和在学校内派表调查的结果，派出调查表401份，收回有效的调查表352份。

表4　石井大道交通安全状况满意情况调查统计

项目		路面宽阔程度	路面整洁程度	路面车辆遵章行驶情况	路面行人遵章行走情况	路口交通信号灯设置和工作情况	人行道整洁程度	公交车便捷情况	路灯照明情况	道路噪声减少情况	道路治安情况
满意度	很好	341	192	21	83	23	45	19	12	0	11
	较好	11	81	73	101	57	62	43	43	13	84
	一般	0	61	79	71	101	64	89	98	103	134
	不好	0	18	179	97	171	181	201	199	236	123

最后，我们把调查结果进行归类汇总。

(1)行人：石井大道通过的车中，大部分车速都很快，我们都不敢过马路；还有，人行道损坏严重，杂草丛生；交通信号灯处于"瘫痪"状态；部分路段路灯不亮，严重影响晚上的交通安全和治安安全。

(2)居民：石井大道上重型货车等通过时常发出巨大噪声，石井大道旁的铁路也常有高速火车通过发出噪声，扰乱我们的正常生活。

(3)商家：公交线路少，难以带动周边经济发展，影响石井街商业发展。

(4)白云湖游客：路上没有相关指示牌，而且公交线路少。没有公交站牌和指示牌，我们容易迷路。

五、调查分析

(1)由表1可知，石井大道行人和非机动车的流量大。石井大道是石井街的交通要道，大量的行人和非机动车驾驶人如果不遵守交通规则，不仅会影响司机的驾驶安全，更会危害自身的生命安全。

(2)由表2可知，石井大道的车流量较大，而且多是面包车、货车，车速很快。我们查找的资料表明，石井大道位于广州市西北方，京广铁路以西，线路呈南北方向，南接石丰路起于黄石路，北至流溪河边与龙湖公路交叉，是石井的主要干道，附近有许多物流公司，因此，石井大道多数都是大、小型货车通行，车流量较大，车速快，给岑村村民以及附近居民的出行带来不便与安全隐患。

(3)由表2、表4还可知，石井大道上公交车少，严重影响居民出行，更影响白云湖旅游资源的开发，村民意见大。

(4)石井大道的交通安全管理设施不健全、维护不及时。由表3可知，有50%的路口交通信号灯不能正常工作，没有人及时维修。特别是在第三、第六、第八个路口，虽然路口有交通信号灯，但是，这些交通信号灯处于"休眠"状态，形同虚设。有些人想过马路，面前却是呼啸而过的大车，好似容不得停半步，每次过马路，心都是悬着的。

(5)另外，表4反映了人行道也有不同程度的损坏。人行道分自行车道、行人道和盲道。但是，自行车道上却常有小面包车和摩托车来往，盲道也杂草丛生，这些都影响了行人的安全。

(6)司机们的安全意识淡薄。许多货车司机不自觉，在设有交通信号灯的地方，不按信号行驶，在某些交通信号灯不亮的路段，更是肆无忌惮，甚至逆行，以致事故多发。

(7)有关部门的执法不及时、不到位。有关交通管理执法部门很少到石井大道检查，因此，司机们有恃无恐。每当夜幕降临时，货车车速更为惊人，不管有没有人，直往前冲，弄得街坊们担惊受怕。

(8)由表4可知，道路安全设施保管不全，人们对道路安全满意度低。部分路灯损坏更换不及时，晚间路灯照明不足，影响夜间通行安全；另外，车辆、行人不守交通法规，自由行走；交通管理人手不够，管理不到位，人们满意度极低。

六、建议

1. 常规建设和管理建议

(1)交通管理部门应该加强管理，制定具体管理措施，并定期检查。

(2)执法部门严格执法，对屡教不改的交通违规者从重处罚，坚决刹住明知故犯的交通违规歪风。

(3)应实行限制行车，定时限制大货车行驶，使得车流量变小；实行车速限制，以减少交通事故的发生。因为石井大道路段经常有车辆逆行的现象，可以在石井大道附近设立交通监控保安亭，对石井大道进行实时监控。如发现有车辆逆行等违章行为，可以及时依法惩罚违章人员。

(4)应完善交通设施，接通交通信号灯，使得行人的安全有保障。交通信号灯的不完善是石井大道频繁发生事故的重要因素之一，所以加强对交通信号灯的维修和保护也是至关重要的。调查发现，有些路段的交通信号灯根本就无法工作，而且破损十分严重。有关部门应制定具体措施，加强对交通设施的维护。有必要的话，可以对石井大道未完善的路段封闭整修，石井大道的交通设施整修完好后再对公民开放。

(5)应适当地设置减速带，还可以在路旁安装违章超速摄像头，明确标示减速要求，有利于更好地管理石井大道。

(6)在行人流量大的路口、过道加建过街天桥，避免人车抢道。

(7)有的人行道上的盲人通道杂草丛生，根本无法让盲人通行，无障碍通行却变成要行人绕道而行。相关部门应把这些行人通道清理干净，真正做到无障碍通行。同时，可以及时修剪石井大道人行道旁的杂草，这样既可以保护绿化，又可以保障行人安全。

(8)应加强对周边居民及附近物流公司人员关于生命安全意识、交通文明的宣传。交通安全也有赖于公民的个人素质。让人们懂得生命的可贵，有利于减少交通事故。

(9)执法人员应起好带头作用，秉公执法，认真地对待每一位司机，也绝不放过任何一个违章人员。

(10)建议多开设公交线路，带动大道周边经济发展，同时使人们出行更方便。

2. 创新管理和建设建议

(1)附近村庄自筹资金，组建村民交通安全协管队，村民自助管理路口的人行交通，减少行人和非机动车驾驶人违反交通规则的现象。这样，既可以减少国家财政支出，又可以解决附近城中村富余劳动力的问题，一举两得。

(2)加建路口交通信号灯(路灯)自动报警系统，系统不仅仅和交通管理和维修部门连接，还直接和旁边的村委安全管理处连接，使交通信号灯(路灯)能得到及时维护，及时发挥作用。

我们创新设计的"交通信号灯(路灯)不正常工作(系统被盗窃或损坏)自动报警系统"由交通信号灯(路灯)监控电路和接收报警电路两部分组成，初步设计制作成品如图1、图2。

对这个自动报警系统，我们积极请教老师、家长，并把初步的制作成品向同学、老师、行人演示使用。在广泛征求同学、老师、行人的意见后，完善了系统的功能。完善后的系统工作原理是：交通信号灯(路灯)不正常工作(系统被盗窃或损坏)时，电磁继电器的电磁铁断路，

图1 交通信号灯(路灯)正常工作(绿灯亮)时
自动报警灯不亮(不报警)

图2 交通信号灯(路灯)不正常工作(系统被盗窃或损坏)时
自动报警灯亮(报警)

电磁铁失去磁性，对衔铁无吸引力；衔铁在弹簧的拉力作用下向上弹起，下面的动触点与上面的静触点接触，报警信号发射器电路接通，报警信号发射器向外发出信号；同时，远处（村庄等）治安亭的报警信号接收器接收到信号，接通报警电路，灯亮铃响，及时报警；有关部门接收警报后就能马上维修，最大限度地避免交通安全事故的发生。

我们把完善后的系统设计提供给当地村委和交通管理部门，希望村委及有关管理部门的领导能请技术更先进的公司制作、安装，使系统早日发挥作用。

这两点创新就是要实现交通管理不光有政府行动，还有村民人人齐动手，还安全于民，共建安全大道。

七、体会

通过这次调查，我们学到了很多知识，更加认识了石井大道，认识了石井街；我们知道，我们生活在石井，就要自觉遵守各项社会安全规则，为争创安全和谐的石井街出力；我们更加学会了关心社会，参与实践；学会了关心别人，互相帮助。通过这次活动，我们改掉了原来的不良习惯，丰富了自己的生活。

我们感谢指导老师，感谢他给我们一次拓展的机会；我们感谢家长，感谢他们的支持和帮助；我们更感谢小组每位成员，感谢他们的辛勤劳动和汗水。我们更感到欣慰，我们的努力和汗水没白费！上交给村委、白云交警大队的意见正逐步被采纳，石井大道的交通安全建设将越来越好。

附：石井大道交通状况调查活动调查表

石井大道交通安全状况满意情况调查表

石井大道的诸多交通问题让途经的人担心，更让周边村的村民担忧。为了让途经的人不再担惊受怕，为了让街坊们出行不再有生命之虞，为了能让石井大道变成石井的一道安全亮丽的风景线，我们开展了"石井大道交通安全问题调查",现特设计了如下调查表,希望您能如实填写。

谢谢您的配合!

性别:_____   年龄:_____   居住地:_____

一、单项选择题

1. 您觉得石井大道路面的宽阔程度(   )。

A. 很好   B. 较好   C. 一般   D. 不好

2. 您觉得石井大道路面的整洁程度(   )。

A. 很好   B. 较好   C. 一般   D. 不好

3. 您觉得石井大道路面车辆的遵章行驶情况(   )。

A. 很好,能自觉遵章行驶

B. 较好,能遵章行驶

C. 一般,部分能遵章行驶

D. 不好,不遵章行驶情况严重

4. 您认为石井大道路面行人遵章行走的情况(   )。

A. 很好,都能自觉遵章   B. 较好,基本能遵章

C. 一般,有部分人不遵章   D. 不好,大部分不遵章

5. 您觉得石井大道各路口交通信号灯设置和正常工作情况(   )。

A. 很好,合理,都能正常工作

B. 较好,合理,基本能正常工作

C. 一般,不够合理,部分不能正常工作

D. 不好,不合理,大部分不能正常工作

6. 您对人行道整洁程度的满意度(   )。

A. 很好,都干净整洁,盲道设计合理

B. 较好,大部分都干净整洁,盲道设计合理

C. 一般,基本干净,但部分盲道设计不够合理

D. 不好,大部分都不够干净,盲道设计不够合理

7. 您对公交车方便快捷情况的满意度（　　）。

A. 很好，很方便快捷　　　　　B. 较好，较方便快捷

C. 一般，方便但不快捷　　　　D. 不好，即不方便也不快捷

8. 您对路灯照明情况的满意度（　　）。

A. 很好，及时开关，照明效果好

B. 较好，及时开关，但部分照明效果差

C. 一般，及时开关，但部分不亮

D. 不好，未能及时开关和检修，大部分不亮

9. 您对道路噪声减少情况的满意度（　　）。

A. 很好　　　　B. 较好　　　C. 一般　　　　D. 不好

10. 您对道路治安情况的满意度（　　）。

A. 很好，巡警和保安定时巡查，无危害治安事件发生

B. 较好，有巡警和保安巡查，无危害治安事件发生

C. 一般，有巡警和保安巡查，偶有小的危害治安事件发生

D. 不好，很少有巡警和保安巡查，常有危害治安事件发生

二、问答题

您对石井大道的交通安全建设还有什么意见和建议？请详细说明。

（二）光学知识创新应用实践报告

汽车远光灯对行人和司机的影响和危害调查

广州市白云区石井中学　吴俊鹏

指导教师　张耀佳

一、调查起因

一日，我在《新闻联播》中看到一起交通事故播报，由于司机使用远光灯不当，影响了和他相向行驶的司机的视线，撞伤了过马路的两个行人。

171

我对汽车行驶的知识知之甚少，身边的人也没发生过交通事故，但是在网上一查，由汽车远光灯导致的交通事故却数不胜数，尽管法律也规定汽车行驶中不得随意使用远光灯，但是还是有一些司机做不到这一点，这给人们的生命安全带来了一定的威胁。

二、调查目的

夜幕之下的城市非常美丽，特别是市中心城区，有高大的建筑物，街两旁有摇曳的树，还有明亮的路灯。可每当夜幕来临，尽管有路灯，也总有司机乱开远光灯，直晃人眼，走在凹凸不平的路上极易被绊倒。近几年来，虽然法律加强了对乱开汽车远光灯的司机的惩治力度，但未能有效阻止司机乱开远光灯的行为。因此，为了保护我们的生命安全，让我们不再受到远光灯的威胁，更是为了给城市一丝安宁，我们踏上了远光灯调查之路。

三、调查时间和方法

思路：制订计划—开展调查—分析数据和信息—整理汇总—向有关部门反映—发现创新管理或改进的方法—解决问题—推广成果。

1. 时间

2013 年 7 月 18 日至 2014 年 7 月 23 日。

2. 调查方法

(1)制订调查计划。

(2)到网上查找相关资料。

(3)访问相关执法人员。

(4)选取四条繁华街道进行乱用远光灯的调查(由于是繁华街道，道路照明条件好，所以没有必要开远光灯)；对同学、市民进行问卷调查。

3. 调查工具

照相机、笔记本、笔等。

四、调查结果

1. 汽车乱开远光灯的情况统计

(1)黄石西路汽车乱开远光灯情况统计见表1。

表1 黄石西路情况统计

1分钟内汽车数量/辆	没开远光灯的汽车/辆	开远光灯的汽车/辆
48	36	12

调查实录:黄石西路口——因为远光灯看不清前面的路;黄石西路中——行人用手挡住强烈的灯光。

(2)石沙路汽车乱开远光灯情况统计见表2。

表2 石沙路情况统计

1分钟内汽车数量/辆	没开远光灯的汽车/辆	开远光灯的汽车/辆
52	35	17

调查实录:石沙路中——行人用手挡住强烈的远灯光;石沙路尾——对方来车司机因为远光灯看不清前面的路。

(3)广园路汽车乱开远光灯情况统计见表3。

表3 广园路情况统计

1分钟内汽车数量/辆	没开远光灯的汽车/辆	开远光灯的汽车/辆
40	31	9

平均每3.5辆汽车就有1辆乱开远光灯。

2. 问卷调查中每50人对远光灯的看法统计(表4)

表4 每50人对远光灯的看法统计

看法	有危害	无所谓	没危害
人数/人	34	12	4

173

3. 司机夜间行驶开远光灯的行为统计(表5)

表5 司机夜间行驶开远光灯的行为统计

人数/人	一直使用远光灯/人	远光灯和近光灯交替使用/人	不开远光灯/人
50	20	26	4

4. 黄石西路夜间各个时段司机开远光灯行驶数量统计(表6)

表6 黄石西路夜间各个时段司机开远光灯行驶数量统计

时间段（夜间）	20：00—22：00	22：00—23：00	23：00—24：00	00：00—1：00
车辆数量/辆	213	112	71	49
使用远光灯行驶车辆数量/辆	101	78	60	45

五、调查分析

(1)从表1中可以看出，每3.5辆车就有1辆乱开远光灯，乱开远光灯的行为约占总数的28%，对人们的生命安全造成威胁。

(2)繁华城市人口较多，人流较密集，乱开远光灯容易造成事故，扰乱正常的交通秩序。

(3)从表4可以看出，调查的50人中有68%的人对乱开远光灯的行为感到不满，有24%的人对这种行为不在意，有8%的人认为这种行为并没有太大危害，造成这种局面的主要原因有以下两点：①市民对自身生命安全不够重视；②有关部门对这种行为不够重视，未能提高人们的法律意识。

(4)从表5可以看出，部分司机在夜间行驶时会根据路面上的亮度来决定开不开远光灯，一部分司机已经把开远光灯当作一种习惯。可以看出在一些地方的马路上，路灯设置不够全面，政府应关注到这一点。

(5)从表 6 可以看出，时间越晚，开远光灯的汽车数量就越多，主要原因可能是路面亮度不够，再加上部分司机疲劳驾驶，这很容易引发交通事故。

(6)在调查过程中我发现有部分司机乱鸣喇叭，增加了城市的噪声污染。

六、讨论

(1)大量事实证明乱开远光灯极易造成交通事故，人们缺乏安全意识是主要原因。

(2)在对多起远光灯造成的事故的判决中，开远光灯的司机承担较少责任，而因远光灯晃了眼睛而撞伤行人的司机却承担主要责任，在我看来这是不公平的，法律应该加强对乱开远光灯这种行为的制裁。

(3)夜幕下繁华街道上川流不息的车辆表明人们的生活变得日益富裕，而乱开远光灯的行为却体现出人们道德水平的欠缺、对法律的漠视、交通秩序的混乱。例如，安宁的夜晚，一起交通事故打破了安宁，同时也扰乱了交通秩序，接着而来的是一阵鸣笛，打扰了人们的正常休息。

(4)按照相关规定：在开启路灯或者其他照明较好的道路上行车不应开启远光灯，开启远光灯的车辆应该在会车前 150 米以外切换至近光灯。不过，对于这一条规定，没有多少人严格执行。而在市区，滥用远光灯的现象也相当严重。

七、建议

(1)相关部门应加强管理，制定具体措施，做到"护城有人奖，毁城有人罚"。

(2)普及相关知识，在社区内等公共场所开讲座，提高人民的法律意识。

(3)市容执法，每个执法人员都应做好带头作用，以身作则，维护人民的利益。

（4）在开启路灯或者其他照明较好的道路上行车不应开启远光灯。因此，夜晚行驶时，如果开着路灯，或者有其他光亮，如店铺灯、月光等时不要开远光灯，先要使用近光灯。当周围没有任何灯光，远处看不见了，就要及时开启远光灯。

（5）如果在城市各主要道路行驶，即使在半夜，路上的照明情况也是可以的，不用开远光灯；如果在走山路或者野外等道路，为了避免发生意外，要在夜幕降临后提前开启远光灯。

（6）开启远光灯的车辆应该在会车前150米以外切换至近光灯。这样能保证会车的车辆有良好的视线。当会车时，如果对面车辆开着远光灯，可瞬间致盲，很容易发生危险，因此会车时相距150米左右就要及时把远光灯切换为近光灯。

（7）在照明情况不佳的道路上行驶，如果对面来车频繁，为了不对来车造成影响，可以交替闪烁远、近光灯，这样能提示对面车辆，特别是在没有中间隔离带的双向车道，及时闪烁远、近光灯就尤为重要了。

（8）大雾天气能见度较差，灯光会在空气中出现漫反射的效果，不仅不会让你看得更远，反而会影响对面来车的视线，增加危险性。因此，在大雾天气应该放慢车速，开启雾灯和四闪灯，不能开远光灯。

八、结论、创新点

1. 实验研究

在马路上安装与马路同宽的类似于平面镜的能反射光的材料，将光发射，用近光灯的使用来代替远光灯使用。

实验用手电筒代替近光灯：（1）不用平面镜时，用手电筒照向地板，不可以看到床上的饮料瓶，一片漆黑（图略）；（2）用平面镜后，光可以通过平面镜的反射照到饮料瓶上，从而清楚地看见床上的饮料瓶（图略）。

2. 实验分析

当地板上放了平面镜时，墙上有一个光斑，光斑的大小等于平面镜的大小，就是说，当平面镜和马路一样宽时，光斑就会和马路一样大，就会让光照得更远，就能看清更远的路了，也就能减少开远光灯的现象了（图1）。

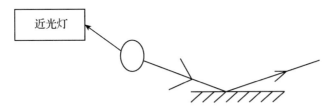

图1　实验原理示意图

光在传播过程中，空气中的介质会不断损耗能量，随着距离的增加，光的强度会不断降低，所以即使有灯光照到对面行驶而来的车辆，微弱的灯光也不会对司机的眼睛造成刺激。

3. 用途

（1）可以用在拐弯处。在拐弯前的地方的地上放一块大平面镜或类似的可以反射光的材料，当汽车拐弯时光斑会照在护栏或墙壁上，这样可以提醒司机前面不能通过，就能减少为了看清路而开远光灯的现象了。

（2）可在马路上放一块平面镜或类似的可以反射光的材料。当汽车行驶时，灯会照在平面镜上，如果前面有车辆行驶，光斑会反射在车身上，这能提醒司机前方有车辆，从而减少追尾事故的发生，也能减少为了看清路而开远光灯行为的出现。

4. 结论及创新点

我们在加强汽车不合理使用远光灯管理与执法的同时，可以改进路面装置与设施，在马路上安装与马路同宽的类似于平面镜的能反射光的材料，用近光灯的使用来代替远光灯使用，将光分散发射，既不影响车辆、行人安全，又可以节约能源，避免了经常开启远光灯。效果好，节能！

九、体会

在实际使用中，我的发明很有效。在我看来，我进行的这次调查是非常有意义的，我从中学到很多知识，锻炼了自己的观察和分析问题的能力。在老师的指导、家长的协助下，我顺利完成了这篇论文，我感到收获很大，这个成功是来之不易的，在这里我要感谢老师对我的指导，感谢父母对我的支持和帮助！

附：远光灯使用安全状况满意情况调查表

远光灯使用安全状况满意情况调查表

乱用远光灯的交通问题让途经的人担心。为了能让城市交通成为一道亮丽的风景线，我开展了"远光灯交通安全问题调查"，现特设计了如下调查表，希望您能如实填写。

谢谢您的配合！

性别：_____   年龄：_____   居住地：_____

一、单项选择题

1. 您对使用远光灯的基本态度是（　　）。

A. 很好，对交通没有危害

B. 较好，起码对自己不会造成危害

C. 一般，对自己偶尔会造成危害

D. 不好，对自己和城市交通造成危害

2. 您觉得司机能合理使用远光灯的情况（　　）。

A. 很好，能自觉合理使用远光灯

B. 较好，能合理使用远光灯

C. 一般，部分能合理使用远光灯

D. 不好，乱用远光灯情况严重

3. 您觉得马路和街道上路灯合理设置和工作情况（　　）。

A. 很好，设置合理，都能正常工作

B. 较好，合理，基本能正常工作

C. 一般，不够合理，部分不能正常工作

D. 不合理，大部分不能正常工作

4. 您对路灯照明情况的满意度（　　）。

A. 很好，及时开关，照明效果好

B. 较好，及时开关，照明效果差

C. 一般，及时开关，但部分不亮

D. 不好，未能及时开关和检修，大部分不亮

5. 您身边由远光灯引起的交通事故情况（　　）。

A. 很少　　　　B. 较少　　　　C. 较多　　　　D. 很多

6. 您觉得惩罚乱用远光灯的情况（　　）。

A. 很好，能有效减少乱用远光灯的发生

B. 较好，能减少乱用远光灯的发生

C. 一般，不能有效地减少乱用远光灯的发生

D. 不好，不能减少乱用远光灯的发生

7. 您觉得政府对乱用远光灯的态度（　　）。

A. 很好，高度重视　　　　　　B. 较好，重视

C. 一般，不重视　　　　　　　D. 不好，漠视

二、问答题

请问：您对安全使用远光灯还有什么意见？请详细说明。

三、初步成果（获奖及发明专利等）

（一）活动的阶段结果

通过前阶段的"物理·社会·实践·创新——中学物理知识创新应用实践活动"，学生对科学运用物理知识进行了初步创新实践，学生不仅加强了节能环保意识，提高了安全意识，而且初步掌握了能源开发、

道路环保、环境安全监测以及科学管理的方法。学生的创新能力、创新水平有了明显发展，整体素质有了很大提高。同学们积极推行低碳、环保、安全生活，主动寻找自己身边的节能系统以及环境安全的预警系统，勇于创新，坚持不懈发明。科技实践活动硕果累累，多人次获区、市、省青少年科技创新大赛奖，两人获国家发明专利，为完成下一阶段实践活动的研究任务奠定了良好的基础。

1. 学生的节能环保意识得到增强，安全意识得到提高

活动中，学生通过对身边能源使用、社区用电、道路环境、道路安全及其管理的调查，认清了能源浪费、环境污染的严重以及不科学用电及管理的危害，明确了生活节能、环保、安全的必要，并和家长、教师一起，将调查结果向上级有关部门反映，请有关单位及时改进，加强能源的科学开发利用，特别要加强环境保护安全建设，强化了整个社区人们的节能安全环保意识，提高了社区能源合理开发、环境污染预防、危险预防的效果。

2. 学生的科技创新能力有了明显提高

通过前阶段活动，学生初步学会了如何自主调查，如何自主制作，如何自主创新，如何将创新成果申报国家发明专利。我们学校学生参加市、省青少年科技创新大赛获奖，也从无到有，到多人次获奖，再到获国家发明专利。同学们的科技创新能力有了明显提高，实现了质的飞跃。

第一阶段学生主要获奖成果见表3。

表3　第一阶段学生主要获奖成果表(与本活动有关的市级以上奖)

序号	项目(题目)	主要作者	获最高奖级别	备注 (曾获其余级别奖)
1	电路超负荷自动报警装置	李元杰、袁芷薇等	2014年1月22日被授予中华人民共和国国家知识产权局实用新型专利	获第28届广东省青少年科技创新大赛二等奖、第28届广州市青少年科技创新大赛一等奖

续表

序号	项目(题目)	主要作者	获最高奖级别	备注 (曾获其余级别奖)
2	一种交通信号灯报警装置	张明璐、刘建宁等	2014 年 1 月 22 日被授予中华人民共和国国家知识产权局实用新型专利	获第 27 届广东省、广州市青少年科技创新大赛二等奖
3	斜坡(挡土墙)危险预警自动报警系统	沈迪朗、李婉盈等	获全国第 11 届宋庆龄少年儿童发明奖金奖	获广东省少年儿童发明奖金奖、广州市青少年科技创新大赛一等奖
4	城中村用电线路安全及超负荷问题的调查研究	袁芷薇等	获广东省、广州市青少年科技创新大赛一等奖	获第 28 届广州市青少年科技创新大赛最高奖——市长奖
5	寻找安全环保的道路照明使者	李建荣等	获全国第 30 届青少年科技创新大赛二等奖	获广东省、广州市青少年科技创新大赛一等奖

(二)收获与体会

(1)通过调查可以知道，我们居住地的小区、道路环境和交通状况已经进行了大规模的治理，威胁居民出行、生活安全的噪声、废气、废水污染和交通安全事故正在减少，学校、小区、道路的新能源利用和改造初步完成，同学们正在享受改造成果。同学们前阶段的调查、制作研究以及意见反映没白费，同学们感到很欣慰。

(2)调查不仅让同学们分享了成功的喜悦，更让同学们学到了科学调查和研究的方法，学会了调查报告的写作方法，学会了如何制作、如何创新，启发同学们今后要刻苦学习，不断进取才会成功。

（3）贴近自身、寓教于乐的活动内容更能感动同学、家长和社区居民，同学们更会自觉参与。

（三）总结与评价

本次活动的开展，充分展现出学生热爱科学、乐于探究与实践的精神。在同学们的共同努力下，本次活动初步达到了预期的效果。

（1）同学们通过走访调查、共同研究，使原有参与兴趣和能力的同学得到一个施展才华的机会。这次活动的开展更坚定了他们对科学调查和研究创新坚定不移的决心，对于完成最后的活动任务同学们充满信心。

（2）同学们通过制订计划、落实调查措施，领会到了科学调查和创新研究需要不一般的毅力。他们为了制订计划调查了不少资料，虽说是为制订计划，但他们也从中领会到科学探究的不懈精神。从现在就必须培养好这些品质与精神，为以后的发展打下坚实的基础。

（3）同学们通过自主创新制作，掌握了科学创新的方法，全面提高了整体素质。

希望今后能继续按计划开展余下阶段的活动，继续提高学生的综合创新能力，加强学生在科学调查、科学探究过程中的学习与交流。学生互相帮助，互相学习，共同提高，力争实现活动的最终目标！

三、荫梓成果——四溢飘香的创新物理教育成就

（一）创新物理教育成果向外推广，成绩突出

成果来自长期坚持在农村中学及城郊中学任教的我的创新研究与实践推广，总结出的先进教学方法和模式已在广东省、广州市得到广泛推广。在教育局委派下，我携带成果支教薄弱学校，全面提高不同支教学校学生素质，改变学校面貌。同时，培养省内不同学校的多名青年教师成为省骨干教师，育人效果突出。我和实践教师所写论文多次获奖并在国家中文核心期刊发表，参编书多次出版。2013 年、2014 年，我作为

市教育专家培养对象，携成果参与国外美国华盛顿州、国内上海市学习交流获好评。创新物理教育成果受到国内外教育同行肯定，在更大的范围内得到推广。

（二）成果多次获奖，各级肯定

我和实践教师以及同学们在 2009 年、2014 年、2017 年获 6 项国家知识产权局实用新型专利。2015 年，我获第 30 届全国青少年科技创新大赛科技辅导员科技创新项目三等奖；2016 年获第 31 届全国青少年科技创新大赛科技辅导员科技创新项目三等奖；2015 年获广东省青少年科技创新大赛辅导员创新项目一等奖，2016 年获广东省青少年科技创新大赛辅导员创新项目一等奖；2013 年获广东省第八届教育教学成果奖(基础教育)二等奖；2014 年获广东省教育厅推荐申报教育部基础教育国家级教学成果奖，入围全国参评；2012 年获广州市教学成果二等奖，2015 年获广州市教学成果二等奖，2017 年获广州市教学成果一等奖(培优奖)；2016 年获广州市教育研究院教学成果奖一等奖；2010 年获首届广州市白云区教育教学成果三等奖。2012 年、2013 年、2014 年，我被评为广州市十佳优秀科技辅导员，2014 年、2017 年被评为广东省少年儿童发明奖优秀园丁，2015 年被广州市白云区人民政府授予"首届高层次人才优秀专家"称号。科技创新教育示范引领作用突出，不仅造福家乡桑梓，造福白云学子，而且造福社会，造福后人，造福未来。我和我指导、培养的骨干教师多次受邀到大学、中学、教育发展中心、教研室等讲学，传授经验。

下附我指导的张明璐同学荣获国家知识产权局实用新型专利——水污染自动报警器的研究制作报告。

人类安全的预警者
——我对自动报警器的调查研究
张明璐

我们住在地球上，看似很安全，但是地球上每天都有可能突发危险事件、地震、火山爆发、海啸以及各种各样的环境污染和安全事故等，都在威胁着人类的安全。为了保护我们自身的安全和人类赖以生存的环境，我们必须做好危险的预警预报工作，自动报警器就是我们人类的好助手。

越来越多的危险事故的发生以及生存环境的恶化，促使我对自动报警器进行了详细调查和研究。

一、学校科技活动小组的制作吸引我进行探究

在校园周边环境与安全的调查活动中，我们学校综合实践科技活动小组制作的几种自动报警器吸引我对它们的工作原理进行了探究。

1. 温度自动报警器

如图 1，工作原理：温度升高时，盐水膨胀上升，当温度达到金属丝所指的温度时，盐水接触金属丝，接通电灯和音乐电路，电灯和音乐电路通过电流，就灯亮音乐响，发出警报信号；温度下降时，盐水下降离开金属丝，断开电灯和音乐电路，灯灭音乐不响，解除报警信号。

图 1　温度自动报警器

2. 防汛水位自动报警器

如图 2，工作原理：当水位上升时，乒乓球（浮子）上升，当到达警戒水位时，接通指示灯电路，指示灯一闪一闪地发光报警；水位下降时，乒乓球下降，当降到警戒水位以下时，指示灯熄灭，指示安全。

图 2　防汛水位自动报警器

3. 风暴报警器

如图 3，工作原理：当风暴来临并达到危险前的一定级数时，风扇被风吹起转动，接通指示灯电路，指示灯一闪一闪地发光报警；当风暴解除后，指示灯电路断开，指示灯熄灭。

以上报警器都在我们遇到危险事件前发出了报警，让我们可以提前快速地逃离危险地带，逃到安全的地方。

图 3 风暴报警器

二、日常生产生活的应用促使我深入研究

他们的制作既有趣又实用，吸引了我对日常生产生活中自动报警器的应用进行更深一步的研究。

1. 火灾自动报警器

在发生火灾的时候，火灾温度自动报警器能感受到温度的高低，温度高的时候它就会通电，然后报警，也会让消防器材喷出水来灭火。这样一来，如果有火灾，报警器不仅可以警告人们尽快逃生，还可以尽可能自动将火扑灭。

2. 工厂水位自动报警器

当含有杂质的水的水位没有达到上面金属块时，电磁铁接通绿灯电路，绿灯亮；水位到达上面金属块时，电磁铁接通红灯电路，断开绿灯电路，绿灯熄灭，红灯亮，报警。

3. 江河防汛水位自动报警器

防汛水位自动报警器就装在江河水面，当洪水就要来临的时候发出警报，让人们提早撤离。

4. 机器温度自动报警器

工厂里机器的温度过高时，温度计玻璃管里的水银就会上升，接触管上端的金属丝，接通电磁铁电路，电磁铁产生磁性吸引衔铁，接通电铃电路，电铃响起来，发出报警信号。

这些自动报警器虽然只是一些小小的机器，但是它们的帮助很大，如果没有它们，很多人可能就会失去生命。每个人的生命只有一次，我们应该好好珍惜。世界上还有许许多多这样的机器，我们不能小看这些小小的机器，它们可是我们人类的朋友。

有一次，我听到一个真实的故事，在一个山区的小村庄里，一天晚上，人们都在熟睡的时候，发生了一场火灾，因为当时山区里没有自动报警器，有两个小孩正在睡觉，醒来时他们就已经在火海里了，最后没能逃出来，真是一场灾难。如果当时有报警器，那两个小孩就能及时醒来，然后逃出来，就不会发生这样的惨剧了。所以报警器在危险事件中发挥着不可替代的作用。

这个学期，我和班里的同学参加了学校组织的校外综合实践活动，在学习消防知识练习逃生技能的时候，了解到有一种自动报警器叫烟雾自动报警器。这个报警器装在天花板上，在发生火灾时，浓浓的烟雾往上飘，天花板上的报警器就会立刻自动报警，报警的同时打开消防系统喷水来灭火。

三、我的制作和创新

经过这么多的调查和研究，学习了这么多关于报警器的知识，我知道了报警器是非常有用的，我也想制造一台报警器，让人们遇到危险时可以逃到安全的地方。比如说制造一台雷电自动报警器，它可以探测出下雨打雷的区域，还可以探测出打雷的位置，如果有人进入这个区域，这台雷电自动报警器就会发出警报，让人知道，然后立刻离开这个区域。这样人就会避开雷击，就安全了。

但这个对于现在只有初中水平的我还有一点困难，我想应该还有更容易做的。对，做一台水污染自动报警器！当含重金属等密度较大的污水污染饮用水源时，报警器就会自动报警。我多次请教了老师和爸爸，终于做成了这台简易的水污染自动报警器。

如图4，当密度较大的重金属液体等污染水源，对环境和人类有危险时，浮子（密度计）上升，接通指示灯和音乐电路，指示灯发光、音乐响起，报警；水污染排除后，浮子(密度计)下降，断开指示灯和音乐电路，指示灯熄灭，音乐不响。我找到化学科的老师拿电镀液等有关溶液药剂来尝试，试验成功，报警器真的自动报警了。

图4　水污染自动报警器

这种自动报警器很有应用推广价值，对于石井大道周边水资源环境保护意义重大。我将这个报警器申报了国家实用发明专利，已获得了批准。

通过这次详细的研究，我明白了自动报警器在我们遇到危险时能提醒我们快速逃离危险地区，更能提醒我们保护环境、爱护地球。自动报警器真是我们人类的好朋友！

这就是我在进行环境安全自动报警器调查与制作活动中的最大收获。

第八章

各界评说——雨润杏坛道有为

一、启明创新——学生评说

(一)石井中学学生李建荣

从进入校园第一天，我就领略到了学校的创新教育氛围。老师启发我们参加科技创新活动，特别进入八年级接触物理学习后，我更加感受到物理实践以及科技创新活动的魅力。在学校创新物理教育带动的"科技引领，本真教育"特色教育活动中，我自主发展，科技创新能力得到极大提高，勇夺市、省、全国青少年科技大赛金奖，市科技小达人一等奖。石井中学是我科技创新的萌芽地，更是我科技创新的成功地。谢谢敢于教育创新的辅导教师张耀佳！正是有您的精心指导，我才能有这么多的创新，才能获得这么多的奖励和荣誉，才能享受这么多的成功！我学习，我创新，我快乐！

(二)石井中学学生吴俊宣

漫步学校聚谊亭、"飞鹅展翅"，我每天享受着校园创新实践的独特气息。张耀佳老师尊重学生个性发展，鼓励我们主动参加科技实践活动。我在学校富有创新特色的科技实践活动校本课程中徜徉，主动实践，努力创新，勇夺各级青少年科技大赛大奖，成为广州市首批科技小达人。谢谢您，创新学习领航人——张耀佳老师！有您的指导，我懂得了如何学习，如何实践，如何创新。您是我科技创新路上的启明灯。

(三)石井中学学生李淇洋

张老师，您永不放弃的精神深深打动了我，您永不言败的行动深深激励着我。正是有了您的不放弃、您的执着，我这个行为表现的边缘生、学习上的蜗牛也有成功的一天。谢谢您！您真的能化腐朽为神奇！

(四)石井中学学生陈燕娅

您勇于创新的精神，您在科技创新活动方面对我的指导，使我难忘，自主发展，不断创新，全面进步，迈向成功，令我受益匪浅。您是一位勇于创新的好老师。

(五)石井中学学生祝其辉

老师，您在课堂上对我们的充分赏识，是激励我们前进的动力，我们因您的赏识而自觉学习，因同学的赏识而主动进步，努力创新！

(六)石井中学学生沈迪莹

老师，课堂上，您激发我们主动参与学习，主动动手，主动汇报，让我们感受到自己成功的喜悦。您的课，我们都上得很开心，我们全班都喜欢！

二、引航创新——家长评说

(一)李沁和家长

作为小荣的家长，孩子能在石井中学接受教育，特别是接受张耀佳老师的教育，我由衷感到高兴。正是张老师的悉心指导，我的孩子才会从一名死读书的学生，变成了懂得如何自主学习、自主创新、自主发明的小发明家。

一天，孩子放学回家，跑过来兴奋地跟我说："爸爸，我要发明个作品，方便奶奶打扫卫生。"我说："你行吗？你连衣服都不怎么会洗。"孩子说："我行！"他说做就做，买好配件，请教张老师，两个星期后，一把方便老人打扫沙发底下地面卫生的多功能扫帚就完成了。

张老师的创新特色教育给我带来惊喜，给我孩子带来了一个又一个的成功！谢谢您！

(二)吴钰莹家长

我孩子原来虽然爱唱爱跳，但对科技创新一窍不通，自从参加了学校科技实践小组活动，在张耀佳老师的带领下，有了明显变化，变得好思爱想，爱动手，学会关爱家人和社会，热心进行小区、学校周边道路环保安全调查，特别是关心珠江游览安全环境与设施的建设，发明的作品获得了一个又一个大奖，学习成绩全面进步。谢谢您，张老师！您是我孩子创新学习的启迪者，更是我孩子全面发展的领航人。

三、先行创新——同行评说

(一)广东省物理骨干教师、佛山市三水区西南第二中学陈治锋

工作室主持人张耀佳老师学识渊博，人品谦逊，平易近人，任劳任怨，无私奉献。给我留下最深印象的是张耀佳老师的"自主整理—互动交流—体验成功"复习课教学模式，对我的教学思想和教学理念产生了强有力的冲击，也引发了我在专业成长道路上的很多思考。

(二)广东省物理骨干教师、广东省肇庆市地质中学马杰韶

工作室主持人张耀佳老师提出的创新物理教育模式能充分激励学员、学生自主参与研修和学习。跟岗学习期间，在张老师的启发引导下，学员的教育理念、教育教学方式改变很大。在教学理念方面，我们从原来传统、常规的教学模式，转化为课堂以学生为主、教师为辅的教学模式。我在张老师这里跟岗学习的时候，在张老师的指导下开展了一个微课的课堂教学改革尝试，回到自己学校后，我就通过开展微课教学的课题研究，大力进行改革实践，在课堂渗透以学生自主发展为主的教育理念，鼓励学生自己动手制作微课，并在课堂上自我展示、讲解，激

发了学生很大的学习兴趣，教育教学收到很好的效果，而我自身在教学专业方面也有了很大提高。

(三)广东省物理骨干教师、广东省肇庆市封开县南丰中学梁杏星

工作室主持人张老师倡导的自主探究性学习充分调动了学生的积极性，发挥了学生主动学习的精神，带动了全体学生主动学习，这是值得我们借鉴的。从中我也明白了，知识和经验不会自己从天上掉下来，必须发扬勤学好问的精神，把自己当成学生，积极汲取周围其他教师一切先进的东西，这样才能提高自己的水平。

(四)广东省物理骨干教师、广东省信宜市教育城初级中学邱业

我最幸运的是遇到了一位真正的名师——张耀佳老师，我目睹了张老师踏实严谨的工作作风、卓有成效的工作效率，感受了张老师平易近人的处世态度和无微不至的关怀照顾。他倡导的自主探究式学习充分调动了学生的积极性，培养了学生的学习能力，提高了课堂教学的效率。所有这一切，凝聚成张老师难以抗拒的人格魅力，是我作为教师追求的人生境界。

(五)广东省物理骨干教师、广东省佛山市三水区乐平镇南边中学麦丽苗

听了张老师的示范课以后，首先我领略到了名师的风采，感受到了名师的魅力，感受到了名师的幸福与快乐，同时也感受到了名师背后的艰辛，我明白要使自己成为优秀的教师，必须切实地提高自身的课堂教学技能。其次，我提高了教育教学的理论水平，更新了教育教学观念。通过向名师学习，学习到最前沿的教育教学理论，并体验他如何把这些理论加以实践，当中的教学技能、教学模式、教育思想、教育境界、教

育追求等很多都值得我去学习。最后，我明确了自己的专业发展方向。要成为名教师，首先要具有扎实的技术技能和深厚的文化底蕴，同时还要具有丰富的教学经验，要形成自己独特的教学风格。

四、创新示范——社会评说

（一）广东广播电视台

2016年9月20日，广东广播电视台现代教育频道专题报道《广州好教育——走进名师工作室——张耀佳：创新物理教学模式》。

金秋九月念师恩！我们今天要报道的是"广州好教育——走进名师工作室（广东省张耀佳教师工作室）——张耀佳：创新物理教学模式"。

（让更多的老师成长，成为名师——教师工作室工作目标。）

今年，是张耀佳老师在石井中学任教的第29个年头，他深受学生爱戴，带领学生参加各式各样的科技创新活动，并获得好名次。不仅如此，他还是广东省教师工作室的主持人，带领成员探索物理教学的新模式。

张耀佳作为省教师工作室主持人，不仅要教学生，还要教老师，带领成员学习他的教学理念，帮助成员制订三年发展计划并督促实施完成。从教29年来，他坚持在城郊农村中学任教，无论是在学校传授知识，还是指导工作室的教师提高教学水平，都不是一件容易的事，但张耀佳老师乐此不疲。

（展示张耀佳"流体压强与流速的关系"课堂实录，采访石井中学陈佳怡、陈泽宇、沈迪莹三位学生和肇庆市地质中学的省骨干教师马杰韶老师。）

马杰韶：在教学理念方面，我从原来传统常规的教学模式，转化为课堂以学生为主、教师为辅的教学模式。跟岗学习的时候，我在张老师的指导下开展了一个微课的课堂教学，回到自己学校后，我就通过开展微课教学的课题研究，在课堂渗透以学生自主发展为主的教育理念，鼓励学生自己动手制作微课，激发了学生很大的学习兴趣，教育教学收到明显效果。

广东省张耀佳工作室自创立以来取得显著成效，学员陈治锋等被评为广东省中小学新一轮"百千万人才工程"名教师培养对象。对张耀佳老师来说，教学是一种热爱，能够将创新教学理念传递给其他地区，是他最有成就感的事。

（二）南方都市报

2017 年 9 月 10 日，《南方都市报》专题报道《广州市白云区石井中学教师张耀佳：牵引学生的人生轨迹》。

他是学校的科研骨干，挖掘学生实验能力，创造多项科研成果；他是班级的优秀班主任，创新课程教学模式，实现学生成绩"大翻身"；他是同学们的良师益友，开导学生情感问题，指引人生规划道路。

从教 30 年，带过 24 年毕业班，当过 19 年班主任，到薄弱中学支教 2 年，石井中学的物理老师张耀佳改变了无数学生，也收获了满园桃李。在他心中，"学生的进步与收获，就是我的成就感来源，工作时自然就感到快乐"。

2010 年，在广州市教育局"支教薄弱学校"的政策下，张耀佳进入了广州市嘉福中学挂职副校长。在教学过程中，张耀佳发现，学生们的动手能力强，实践热情高，经常踊跃参与课堂中的实验互动。然而，教师们对科研存在一种误解，认为科研高不可攀，民办学校的学生根本谈不上科研能力，这无疑扼杀了学生的潜力。于是，张耀佳利用中午、下午放学和寒暑假时间，通过面对面辅导授课、线上交流等方式对有科研兴趣的学生进行教学指导，一步一步地引领他们开展科研活动。

让学生从一开始不敢参赛，到后来获得广东省青少年科技大赛一等奖，张耀佳只花了一年的时间。

教师"独当一面"的教学模式已成为过去式，在张耀佳看来，能够让学生主动学习、主动分享的课堂才是最有效的教学。在张耀佳的课堂上，教师和学生的角色有时是会调换的。在多次外出交流学习后，张耀佳引入了"分组学习"的课堂模式，把学生分成不同人数的小组，自己讨论学习实验课程，并将学习成果制作成PPT在课堂上展示。在不断的教学实践中，课堂氛围明显有了转变，学生们在其中可以发挥各自优势，如演讲、制作课件、思考问题等。学生的考试成绩也随之提高。"学生喜欢学习，老师自然也教得开心。"

"最理想的师生关系，应该是亦师亦友，学习上做一位良师，生活中当一位好友。"这是张耀佳多年秉持的师生相处之道。日常生活中，张耀佳善于抓住机会与学生交流，拉近师生之间的距离。张耀佳曾经遇到一位丢了车而没法回家的学生，便主动骑车送他回家，利用路上的时间与学生聊天。"要让学生知道你对他们的关心，不是像一位老师，而是像朋友一样，他们自然愿意对你敞开心扉。"

"少一些否认，多一些引导"，这是张耀佳与学生的沟通法则。张耀佳不会一味地指责学生哪里做错了，而是倾向于引导他们应该如何去做，正面激励法往往会比负面批评更为管用。

(三)广东中小学信息网

2016年9月22日，广东中小学信息网报道《白云区石井中学在第31届全国青少年科技创新大赛再获佳绩》。

在8月刚结束的由中国科协、教育部、科技部、环境保护部、体育总局、自然科学基金会、共青团中央、全国妇联等单位联合举办的第31届全国青少年科技创新大赛中，我市代表广东省队伍参赛的唯一教师代表，石井中学的张耀佳老师荣获铜奖。这是石井中学继去年学生李建荣、辅导老师张耀佳荣获全国青少年科技创新大赛二、三等奖后再获佳绩，为我区争得了荣誉(图8-1、图8-2)。

图 8-1　大赛开幕前广东代表队合影

图 8-2　快乐分享——张耀佳老师荣获大赛铜奖

(四)广州市教育局

2012年12月6日，广州市教育局网报道《展白云特色，现名师风采——广东省教师工作室(张耀佳教师工作室)省骨干教师跟岗学习活动圆满结束》。

秋天，是一个收获的季节。在刚刚过去的2012年秋季，石井中学收获着一项一项的硕果：广州市青少年科技创新大赛优秀组织奖、广州市青少年科技教育项目市教育局支助学校、区初中毕业班工作一等奖……而广东省教师工作室——张耀佳教师工作室的成立更为石井中学写上浓重的一笔。

作为广州市教学成果奖的获得者、新一批省教师工作室主持人之一——张耀佳老师按照省教育厅的要求，带领来自全省的2012年中学骨干教师省级培训班跟岗学习的12位学员，完成了省骨干教师为期20天的跟岗培训学习任务，交出了完美的答卷。

示范课上，张老师从生本教育出发，引导学生自主探究、自主汇报，学生学习充满自信，自主发展，彰显了白云区的课改特色，受到了全体跟岗学习学员的充分肯定和高度赞扬。学员踊跃参与，每人都进行了实验课、汇报课，将刚学到的课改精髓落实到自己的教学实际，收到了很好的教学效果。这次省骨干教师跟岗培训活动的成功举行，确立了石井中学作为省级中学骨干教师跟岗培训学习点的地位。相信今后在区教育局的科学领导下，在各级有关部门的支持帮助下，工作室会发挥更大的作用，培养出更多的骨干教师、名教师。

举行"百千万人才工程"省级高级研修班教改实践研讨会，课题主持人张耀佳老师发言(图8-3)。

张耀佳老师参加市成果展示汇报会，进行专题发言(图8-4)。

图 8-3　张耀佳老师在研讨会上发言

图 8-4　张耀佳老师在会上进行专题发言

(五)中共广州市白云区委

2015 年 9 月 17 日，中共广州市白云区委宣传部主管主办的区域性出版物《白云时事》报道《第 30 届全国青少年科技创新大赛落幕 石井中学师生荣获银铜奖项》。

近日，第30届全国青少年科技创新大赛在香港落下帷幕。作为我区唯一参赛代表，石井中学学生李建荣(辅导老师张耀佳)代表广东队斩获二等奖，张耀佳还获得了科技辅导员科技创新项目三等奖。

据介绍，李建荣的参赛项目为《城市斜坡(挡土墙)坍塌自动预警系统》，在斜坡(挡土墙)设置超压力自动报警及保护系统，当斜坡(挡土墙)承受压力过大时，自动断路器断路，报警信号发射器接通，向外自拨电话报警。张耀佳告诉记者，利用该智能控制系统，能最大限度避免斜坡安全事故发生，减少人员伤亡和财产损失。

据悉，该项赛事由中国科协、教育部、科技部等主办，旨在鼓励青少年开展科学探究和创新实践。各省市区共有483个青少年科技创新项目、1331个青少年科技创意作品和651个科技辅导员科技创新项目参加了比赛。

石井中学相关负责人表示，该校坚持"科技引领，创新育人"教育特色，获得过省青少年科技创新大赛金奖、专项最高奖和市青少年科技大赛最高奖等。此次获得全国青少年科技创新大赛奖项，是该校科技创新教育的一大突破，该校将继续培养好科技苗子，输送更多创新人才。

(六)广州市白云区教育局

2013年1月7日，白云教育信息网报道《勇夺科技"市长奖"，再创新辉煌》。

在2012年12月23日结束的第28届广州市青少年科技创新大赛中，石井中学继去年获金、银、铜牌名列区前茅的基础上，今年再创新辉煌！该校九年级(2)班的袁芷薇同学不仅获金奖(辅导老师张耀佳)，而且获得了本次大赛的最高奖"市长奖"(全市只有5名，白云区获奖第一人)，从广州市市长手中接受了奖杯。九年级(2)班的张陆潘、李元杰、李梓颖，九年级(6)班的陈伟霖、谢平超，九年级(1)班的张惠意获得了银奖、铜奖，合计2金、1银、4铜奖，该校再次荣获市优秀组织奖。张耀佳老师获得了市十佳优秀科技辅导员奖、辅导员项目一等奖，并有两个项目送省参加第 28 届广东省青少年科技创新大赛，彰显了该校青少年科技创新能力培养活动的特色和成效。该项成绩的突破，是该校积极进行课改带来的又一佳绩。该校真正努力做到了全面育人，素质育人！

2014 年 12 月 24 日，白云教育信息网报道《省名师工作室 2014 年省骨干教师跟岗学习启动仪式在石井中学张耀佳省名师工作室举行》。

12 月，是收获的季节，更是播种希望的季节。2014 年 12 月 17 日，在石井中学会议室、学术报告室，举行了张耀佳省名师工作室 2014 年省骨干教师培训跟岗学习启动仪式。白云区教育发展中心罗光普副主任，广东省第二师范学院物理系书记惠萍教授，石井中学校长林晓英、副校长刘保建、苏华强，部分学校中层干部，以及省内的 15 位省骨干教师跟岗学习学员，学校物理科及其校内骨干教师，共 40 多人，参加了启动仪式。

会议上，罗光普副主任作了热情洋溢的讲话，林晓英校长给予殷殷寄语。随后，张耀佳作为省名师工作室负责人进行专题讲座，让每位省骨干教师学员明确学习任务和要求，最后省骨干教师罗海权作为学员代表表明了自己的学习决心和计划。启动仪式在隆重热烈的气氛中圆满结束。

今天播种希望，明天收获成功！相信有名师引领，学员必定能一帆风顺，启航前行，完成各项研修学习任务。

2014 年 12 月 30 日，白云教育信息网报道《石井中学在第 12 届广东省少年儿童发明奖大赛再获佳绩》。

2014 年 12 月 20 日、21 日，由广东省科学技术厅、广东省知识产权局、广东省教育厅等单位支持，广东科学中心、广东发明协会等单位合办的第 12 届广东省少年儿童发明奖大赛在广东科学中心进行。我区的石井中学创参加该项比赛以来的最佳成绩，荣获一等奖一项（全省只有 20 项）、二等奖一项、优秀组织奖和十佳优秀科技辅导员（园丁）奖，辅导老师张耀佳。具体获奖情况：李建荣、林柏燊、李婉盈荣获一等奖；吴俊宣、蔡国铭荣获二等奖；张耀佳老师荣获十佳优秀科技辅导员奖（园丁奖）；石井中学荣获优秀组织奖。

相信，石井中学今后还会继续努力，再创科技特色教育新辉煌。

2015年4月16日，白云教育信息网报道《石井中学科技创新扬威省赛，特色教育为区争光——石井中学在第30届广东省青少年科技创新大赛中再创佳绩》。

2015年3月27—29日，石井中学经市赛推荐作为白云区唯一的青少年科技创新项目代表，参加在河源市河源中学举行的第30届广东省青少年科技创新大赛。石井中学代表队在本届大赛上再创佳绩，李建荣同学荣获省金奖（辅导老师张耀佳）并获专项大奖，张耀佳老师获科技辅导员成果项目一等奖，一个项目获省推荐参加全国赛。

近年来，石井中学作为我区首批特色学校，一直秉承"创新教育，科技育人"的理念，积极开展"科技引领，本真教育"的特色建校活动，在荣获市青少年科技创新大赛最高奖市长奖，去年又荣获第11届广东省少年儿童发明奖大赛金、银奖，第30届广州市青少年科技创新大赛金、银、铜奖，首届广州市科技小达人一等奖、校长创新奖、省优秀组织奖的基础上，今年在省赛上再创佳绩！

2015年9月14日，白云教育信息网报道《科技引领出佳绩　扬威全国创新赛——石井中学在第30届全国青少年科技创新大赛再获佳绩》。

在8月刚结束的由中国科协、教育部、科技部、环境保护部、体育总局、自然科学基金会、共青团中央、全国妇联等共同主办的第30届全国青少年科技创新大赛中，代表广东省参赛的我区唯一学生代表石井中学的李建荣和唯一教师代表张耀佳，荣获二等奖、三等奖，李建荣同学荣获大赛银奖（辅导老师张耀佳），张耀佳老师荣获科技辅导员科技创新项目三等奖，再创我区中小学生参加全国科技创新竞赛获奖佳绩，为我区争得了荣誉，可喜可贺！

石井中学坚持"科技引领，创新育人"的教育特色，在获得省青少年科技创新大赛金奖、专项最高奖以及市青少年科技大赛最高奖——市长奖的基础上，这次再获全国青少年科技创新大赛银奖、铜奖，为我区争光。这是区教育局领导、教育局科技管理部门、领导以及有关人员对我区青少年科技教育大力支持的结果，更是石井中学领导、科技辅导老师、全体学生共同努力的结果。我们对他们付出的辛勤劳动表示衷心感谢！

2015年10月9日，白云教育信息网报道《石井中学再获全国青少年科技竞赛大奖——石井中学荣获第11届宋庆龄少年儿童发明奖金奖》。

2015年8月13—17日，在由中国宋庆龄基金会、中国发明协会等单位共同主办的第11届宋庆龄少年儿童发明奖活动中，代表广东省参赛的我区代表石井中学的李建荣、李婉盈同学荣获大赛最高奖——金奖（辅导老师张耀佳）（图8-5），刷新了我区中小学生参加全国科技创新竞赛获奖的历史，再次为我区争光，可喜可贺！

本届评奖活动有上万件发明作品参加申报，经过几天的现场评审，在参加终评赛的255个项目中（经初评后广东省只有10个项目参加这次终评），最终，石井中学李建荣、李婉盈同学荣获大赛最高奖——金奖（辅导老师张耀

图8-5　获金奖的李建荣（左）、
李婉盈（右）同学和指导
老师张耀佳（中）合影

佳），为我省、市、区争得了荣誉，受到上级表彰，我们为他们骄傲。这是区教育局领导、教育局科技管理部门、基础教育科领导、教育指导中心领导以及有关人员对我区青少年科技教育大力支持、指导的结果，

更是石井中学领导、科技辅导老师、全体学生共同努力的结果。我们对他们付出的辛勤劳动表示衷心感谢！

2015 年 11 月 26 日，白云教育信息网报道《石井中学在第 13 届广东省少年儿童发明奖大赛再获佳绩》。

2015 年 10 月 10 日、11 日，由广东省科学技术厅、广东省知识产权局、广东省教育厅等单位支持，广东科学中心、广东发明协会等单位合办的第 13 届广东省少年儿童发明奖大赛在广东科学中心进行，来自我国 15 个地区的学校的 360 件入围作品参加了展评决赛，近 2000 人次的参赛师生和公众观摩了本次活动。

我区的石井中学再次保持参加该项比赛以来的最佳成绩，荣获金奖一项（全省只有 20 项）、银奖一项、铜奖一项（辅导老师张耀佳），张耀佳老师获优秀科技辅导员（园丁）奖，名列省、市、区前茅，再次为我区争光，可喜可贺！

具体获奖情况：骆明洋、李建荣、赵佳林荣获一等奖；许健钒、李婉盈、沈迪莹荣获二等奖；王诗鹭、岑柏栩、林炜皓荣获三等奖；林霖、李学文、凌婉娴荣获少儿创新奖；张耀佳老师荣获优秀科技辅导员（园丁）奖。

这是区教育局领导、教育局科技管理部门以及有关人员对我区青少年科技教育大力支持、指导的结果，是石井中学全体师生共同努力的结果，更是学校领导一直重视青少年科技创新教育的结果。学校对所有获奖同学、教师表示感谢！对所有参与活动的同学表示感谢！

相信石井中学今后还会继续努力，再创科技特色教育新辉煌！

2016 年 6 月 8 日，白云教育信息网报道《石井中学在第 14 届广东省少年儿童发明奖大赛再获佳绩》。

2016 年 5 月 21 日、22 日，由广东省科学技术厅、广东省知识产权局、广东省教育厅等单位主办，广东科学中心、广东发明协会等单位协办的第 14 届广东省少年儿童发明奖大赛在广东科学中心进行。来自我国18个地区117所学校的523件入围作品参加了决赛，近2000人次的参赛师生和公众观摩了本次活动。

我区的石井中学再次获取佳绩，荣获优秀组织奖及银奖一项、铜奖两项（辅导老师张耀佳），张耀佳老师获优秀科技辅导员（园丁）奖，再次为我区争光。具体获奖情况：石井中学荣获优秀组织奖；林霖、沈迪莹、王诗鹭荣获二等奖；许健钒、赵佳林、林炜皓、乔晋华、骆明洋、龙俊业荣获三等奖；陈玉娟、赵耿鑫、刘煜坤获少儿创新奖；张耀佳老师荣获优秀科技辅导员（园丁）奖。

参考
文献

CANKAO
WENXIAN

[1]赵保钢，杨崇显，胡炳元. 初中物理课程评价改革探索[M]. 北京：高等教育出版社，2003.

[2]郭思乐. 教育走向生本[M]. 北京：人民教育出版社，2001.

[3]高文. 现代教学的模式化研究[M]. 济南：山东教育出版社，2001.

[4]阎金铎，段金梅，续佩君，等. 物理教学论[M]. 南京：江苏教育出版社，1991.

[5]许国梁. 中学物理教学法[M]. 2版. 北京：高等教育出版社，1996.

[6][美]B.S. 布卢姆，等. 教育评价[M]. 邱渊，王钢，夏孝川，等译. 上海：华东师范大学出版社，1987.

[7]胡明，杨国金. 物理课程标准教师读本[M]. 2版. 武汉：华中师范大学出版社，2003.

[8]鲁善坤. 人的发展——教育的基本维度[M]. 北京：教育科学出版社，2005.

[9]唐晓杰，等. 课堂教学与学习成效评价[M]. 南宁：广西教育出版社，2000.

[10]张大均. 教育心理学[M]. 北京：人民教育出版社，1999.

[11]张天宝. 主体性教育[M]. 2版. 北京：教育科学出版社，2001.

[12]钟启泉，崔允漷，张华. 为了中华民族的复兴　为了每位学生的发展　基础教育课程改革纲要(试行)解读[M]. 上海：华东师范大学出版社，2001.

[13]潘菽. 教育心理学[M]. 北京：人民教育出版社，1980.

[14][英]加德纳（Gardner，D.），米勒（Miller，L.）. 外语自主学习：理论与实践＝Establishing Self-Access[M]. 上海：上海外语教育出版社，2002.

[15][苏]伊·谢·科恩. 自我论——个人与个人自我意识[M]. 佟景韩，范国恩，许宏治，译. 北京：生活·读书·新知三联书店，1986.

[16][美]威廉·詹姆斯. 心理学原理[M]. 田平，译. 北京：中国城市出版社，2003.

[17]全国十二所重点师范大学. 教育学基础[M]. 北京：教育科学出版社，2002.

[18]方明. 陶行知教育名篇[M]. 北京：教育科学出版社，2005.

[19]张耀佳. 主动探究，自主发展[J]. 现代教育论丛，2011(1).

[20]郭法奇. 探究与创新：杜威教育思想的精髓[J]. 比较教育研究，2004(3).

[21]王克亮. 物理“自主、合作、探究、创新”教学模式探索[J]. 新课程学习(社会综合)，2009(8).

[22]赵建. 初中物理合作探究教学模式探析[J]. 新课程(教育学术版)，2009(1).

[23]廖元锡，廖伯琴. 科学探究教学的实践性知识及其建构[J]. 中国教育学刊，2006(6).

[24]张建伟，陈琦. 从认知主义到建构主义[J]. 北京师范大学学报(社会科学版)，1996(4).

[25]郑敏. 自主性学习的缘起和发展[J]. 西安外国语学院学报，2000(3).

[26]高兰香，胡炳元，赵晓. 关于中学物理探究式教学的策略研究[J]. 物理教学探讨，2009(8).

[27]李俊芬. 以情感态度为导向的教师反馈策略模式初探[J]. 教育理论与实践，2005(10).

后 记

HOUJI

　　在本书写作期间，我有幸参加了广州市教育局、华南师范大学等单位组织的国外交流学习活动，对接触到的美国基础教育印象深刻。

　　一天，我第一次踏进一所进行基础教育的美国学校（TAF Academy）。学校既没有围墙，也没有什么像样的校门，只有一块简陋的招牌，教学楼只是一座座外表简陋的平房，一切都不怎么起眼。我心想：这也算是美国的正规学校？与他们国家发达的经济太不相符了吧！而一走进课堂，我就深深感到这的确是一所设备先进的学校，外表虽简陋，但里面的教学设备却十分先进，电子白板，每人一台手提电脑，可随时上网交流，教学以及学习手段先进科学。课堂上教师的授课更让我眼前一亮。这是节测验评讲课，按照我国传统的教法，肯定是教师分析、点评，最后总结，全过程教师包办代替。而这节课的授课教师没有使用传统的讲授法，而是采取小组合作、自主探究、自主交流的开放教学方法。学生自愿组成学习小组，有 4 个人、3 个人一组的，也有 2 个人一组或自己 1 个人的。教师将卷子发下后不急于讲解，而是让学生自主讨论交流，互相检查，找出问题，互帮互教。之后，教师让有代表性见解的学生代表发言。最后，教师才公布答案，进行总结。

　　我对课堂上两个画面印象深刻：其中一个小组的两位学生互相讨论、互教互学，共同提高。从他们的课堂反应可看出女孩子的数学基础较好，男孩子的数学基础稍差。画面一：他们先是在自己小组的座位进行试题题目对错的研讨，之后，女孩子觉得男孩子对知识理解不清，干脆就叫这位男生到教室后面的白板进行讲解和互相考查。画面二：男生弄懂后又出了一道对应的题目考查女生，直至共同弄懂为止。整个过程，教师一直没有干涉，其他小组还是继续进行研讨，教师只是巡视，及时给有需要的学生进行提示。通过这样的自主研讨、合作学习、自主交流，学生在愉快的环境中就完成了学习任务，收到了很好的教学效果。

这样的教学方式引我深思，我国现在的课堂教学改革提倡将课堂还给学生，努力做到让学生"我的课堂我做主"，但是，有多少教师能做到这样放开手脚，让学生在课堂上自己做主呢？又有多少教师在课堂上让学生自己当小老师，互相促进，共同提高呢？如果我们每位教师在课堂教学中都能采取这样的教学方法，让学生在课堂上合作探究，愉快交流，我相信我们的学生在合作交流的过程中就不仅仅是学到了知识，更提高了能力与素质，进而学会学习，学会自我提升，学会自主发展。

交流期间，所到之处，我对美国的大学、中学、小学进行广泛接触，经过深入实践、交流，深有感触：一个民族，要屹立在世界之林，不能缺乏创新精神与能力，更不能缺乏创新技术。创新的关键、创新的基础在于基础教育。教育是技术发展的基础，创新教育是科学发展的前提。我国教育若想不落后，就必须从基础教育起始年级开始进行创新教育，从幼儿园、小学抓起，并且要注意保持创新教育的连续性、持续性。这样，国人的整体科学素质才会提高，科技创新能力才会发展，我国的科技创新力才能走到世界前列，才能驱动我国科学技术和经济的高速发展，我国的创新教育才能收到实效。

欣喜的是，我的创新物理教育正朝着这个方向努力，创新教育方法走到了改革的前列，教育教学的改革收到明显效果，师生、学校共同收获着成功的喜悦。我深深体会到，我这些年的创新教育研究路子走对了，实践与理论成果给我们的基础教育改革提供了丰富的素材与经验。

为了更好地实现创新教育改革，为了在更大范围推广创新教育成果，为了更多学生享受这样的学习成果，我还要继续研究下去。

我正朝着梦想一步步迈进，梦想离我越来越近。路漫漫其修远兮，今后，我还要朝着既定目标继续实践，力争让更多学生获得成功，让更多教师和我一起进步！

"展现自主，绽放成功"是教育的最高境界，更是我的追求！

研究与实验过程的不足，请各位多多见谅。

最后，对研究及本书写作过程中给予精心指导和帮助的华南师范大学、广东第二师范学院、广州大学等院校的专家、教授表示衷心感谢！对石井教育指导中心原主任李浩能、石井中学原校长谭展佳，以及石井中学冯卓伟、林晓英校长和刘保建、苏华强副校长等领导，苏剑桥、陈建宇、王淑莹、舒继军、陆永生、萧丽华、王晓薇和刘晓青等老师，有关学生和家长表示感谢！

张耀佳

2019 年 9 月 11 日